みろく
スクール

Tadashi Matsuhisa
松久 正
88次元 Fa-A ドクタードルフィン

ヒカルランド

みろくスクール開校　第１回授業「総論」

みろくスクール　第２回授業「みろく国語・みろく社会」

みろくスクール　第３回授業「みろく算数」

みろくスクール　第３回授業「みろく理科」

カバーデザイン　重原隆
編集協力　宮田速記
校正　麦秋アートセンター
本文仮名書体　文麗仮名（キャップス）

目次

みろくスクール　第1回授業　総論

10　みろくスクール開校
15　よい子になるな
22　挨拶することはハッピーですか
30　子どもは、生まれてきただけで親に恩返しできている
33　子どもに面倒を見てもらおうという考えは捨てなさい
37　自分の「個」を大切に、自分に意識をフォーカスする
46　あなただけの得意分野に突き進めば、サポートが得られる
51　無条件にやりたいことを、無条件にやることがスーパーハピネス
60　魂の望みに従って、今まで存在していないことを築け

67 日本中の親子よ、みろくスクールに来たれ

みろくスクール　第2回授業　みろく国語・みろく社会

74 安倍さん、みろくの世を出現させるために身を引く
75 「みろく国語」では、やりたいことを最初に言う
80 読書感想文の書き方
85 ひっくり返す勇気
89 喜怒哀楽を超越した魂の視点
92 コーラ・ブレーク
93 生徒が先生を教える
98 自分の名前を愛する
101 手紙は直球勝負で
104 昔話は高次元の真実

108 人類は宇宙人の遺伝子で進化した
113 歴史は無限大にあるパラレルのシナリオの一つ
119 地球は何を望んでいるか
125 龍穴と鳳凰穴
128 違いを認める
134 みろくスクールは一瞬で勝負する

みろくスクール　第3回授業　みろく算数・みろく理科

144 時間は短いほうが、魂が変化する
147 0は10より大きい
160 0＝∞（無限大）
164 5は、5のままで居続ける
171 休み時間に魂をほぐす

172 みろく理科では、時間も空間も存在しない
179 螺旋振動の回転数を上げて、スーパーハピネスに
185 宇宙的進化度は、人間より石のほうが高い
197 ネガティブに大きく振れると、プラスにも大きく振れる

みろくスクール

第１回授業

総論

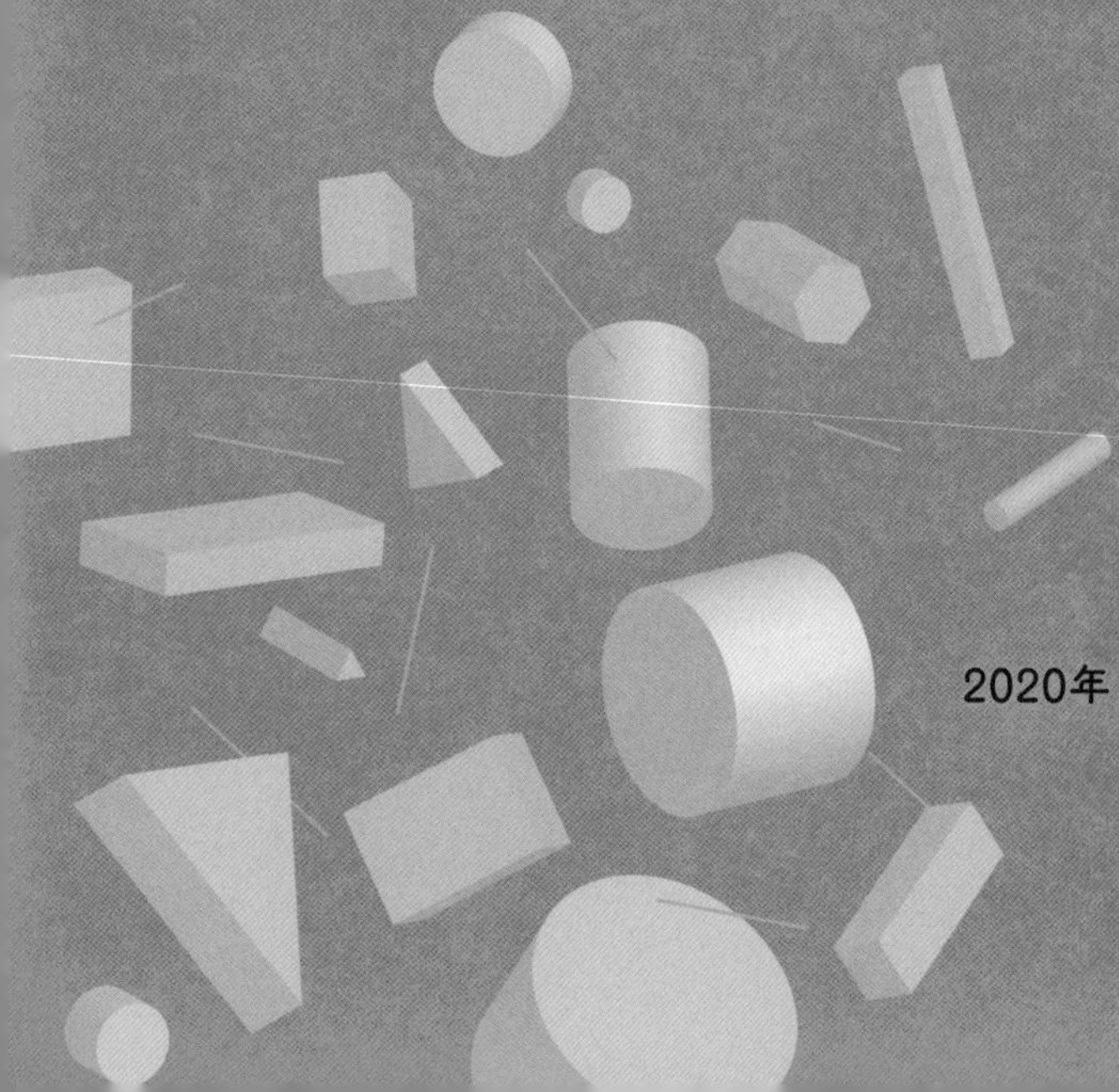

2020年７月18日

みろくスクール開校

ようこそ、会場のリアル参加の皆さん。こんにちは。

オンラインの皆様、こんにちは。今日はオンライン参加の方と一緒にやっていきます。

メディア（週刊文春）に出していただいて、DNAが目覚めたドクタードルフィン、松久正でございます。（拍手）

このスタジオの壁には、私の本『シリウスランゲージ』の原画がたくさんかけてあります。

スタジオ参加の皆様は、場のエネルギーが高くなっていることを感じると思います。

人気のある原画は売れてしまって、全部はそろっていません。

原画に囲まれての講座は、今回が最初で最後になってしまうかもしれません。

このご時世だからこそ学校が変わらないといけないというのは、私が強く思っていたことであり、今まさにそのタイミングのピークを迎えようとしています。

今までの教育のスタイルでは、これからを担う人間を形成することができないことを、まさに物語っているわけです。

貴重な皆さんのお時間と魂を寄せていただいているわけですから、私が皆さんにご提供するのは、皆さんがどこでも聞けない、しかし、聞くべきお話です。

1時間という時間は短いようですが、皆さんがたっぷりお話を聞いたと思える次元で繰り広げていきます。

ドクタードルフィンのみろくスクール校長のドクタードルフィンです。

今日は1時間たっぷり、魂のおつき合いをしていただきます。

このご時世だからこそ学校が変わらないといけないというのは、私が強く思っていたことであり、今まさにそのタイミングのピークを迎えようとしています。

実際、学校に行かなくなったり、オンラインになったり、形態をいろいろ変えてきている。これも必然のことであり、今までの教育のスタイルでは、これからを担う人間を形成することができないことを、まさに物語っているわけです。

ドクタードルフィンのみろくスクールは、今までにない学校です。

誰かがやっているような学校、どこかに存在しているような学校を私がやっても、全く意味がないことです。

それだったら、皆さんに昼寝してもらったり、その辺で好きな本を読んだり、映画を見てもらっていたほうがずっといいと思います。

貴重な皆さんのお時間と魂を寄せていただいているわけですから、私が皆さんにご提供するのは、皆さんがどこでも聞けない、しかし、聞くべきお話です。

私の話は、老若男女問わず、どんな方でも聞いていただく必要があるのですが、とくに小学生、中学生、高校生ぐらいのお子さんが私の話を聞くと、ものすごくいいです。

もちろん20代にもいいです。

大人も大事ですが、私が今、開きつつある新しいみろくの世をこれからリードしていく人材は、まさに私の教えを背負っていくことがカギになります。

1時間という時間は短いようですが、皆さんがたっぷりお話を聞いたと思える次元で繰り広げていきます。

幸い、シリウスのエネルギーを降ろした「シリウスランゲージ」の絵たちと、すてきなお花に囲まれて、すてきな空間の中でやっていきます。

もちろん、ここはシリウス以上の時空間です。

もっと言えば、最近、私が宇宙の構成を書きかえてありますから、アルクトゥルスを通り越して、アンドロメダからのサポートを今ここで直球で受けて、授業を進めていきます。

地球次元で言うならば、過去生に当たる菅原道真が私を非常にサポートしている状況です。

宇宙的に言うと、アンドロメダ、シリウスの教育ということが、今日は核になります。

シリウスの教育はアンドロメダのサポートのもとにあり、そのエネルギーを受け、さらには福岡にある大宰府天満宮の菅原道真の魂のサポートを受けて、皆さんに新しい教育を発信していきたいと思います。

よい子になるな

今まで地球人は、生まれてこの方、親、家族、学校、社会において、「よい子であれ。よい人であれ」と教えられてきたわけです。

教育はとくに学校でなされてきたわけですが、学校においては、強い先生のもとに弱い生徒という構成があったわけです。

だから、先生の言うことが絶対である。

子どもは何も知らないし、できないから、先生が全部教えて、育てないといけないというシステム、構成だったわけです。

もちろん、学校に上がる前は家族があって、強い親に、弱い子どもがいる。

何もできない、何も知らない子どもだから、親が全部教えて、育てていくというシステム、構成だったわけです。

学校を卒業して巣立つと、今度は会社で、強い上司と弱い新入社員という構成のもとで行われてきた。

まず、この点が非常に重要であって、今までの教育は脳を育てる教育だったわけです。

脳をいろいろ教育して、記憶させ、社会を歩める人間をつくるということをやってきました。

現生に生まれた人間の赤ん坊たちは、当然ながら、脳はほぼ空っぽの状態です。

もちろん遺伝子的には、過去生とかパラレル生の集合意識の情報は持っていますけれども、個人としての経験値、体験値はゼロですから、空っぽのところにどんどん入れていく。

それでできてきた人間を優秀な人間として育ててきたわけです。

しかし、これからのみろくの世ではひっくり返ります。

つまり、今まで教育していたように、「親の言うことをちゃんと聞きなさい。先生の言うことを聞きなさい」ということでは、人間は全く育たなくなっていきます。

みろくスクールの校長ドクタードルフィンは、最初から飛ばします。

これからは「親の言うことを聞くな」ということが、まず一つです。

そして学校に行ったら、「先生の言うことを聞くな」が二つ目です。

社会に出て会社に入ったら、「上司とか偉い人の言うことを聞くな」ということです。

言うことを聞いていたら、今までと同等か、同等以下の人間しかでき上がってきません。

これからは「親の言うことを聞くな」
ということが、まず一つです。
そして学校に行ったら、「先生の言うことを聞くな」が二つ目です。
社会に出て会社に入ったら、「上司とか偉い人の言うことを聞くな」ということです。

親の言うことを聞かない、学校の先生の言うことを聞かない、上司の言うことを聞かないということですが、その本人の命にかかわることであったり、もしくは、その本人が社会とか周囲に何か害を及ぼすようなことがあれば、それは地球という集合社会の中においては、少し不具合があるので、そこまでしろというのではありません。

つまり、親は赤ん坊に対して、実は何も教えることはないということが一つ。

学校なんか本当は行かなくてもいいのですが、行ったとしても、学校の先生に教わることは本当はないのです。

社会に出ても、上司や偉い人が長く生きているから、たくさん体験をしてきたからといって、教えるということではないのです。

みろくスクールで教えることは、ここが核になります。

生命体、とくに人間のお話をしますが、地球人がオギャーと生まれたときに、既に脳ではなく遺伝子に、宇宙の叡智が入っています。

生命が、魂として誕生するのは、私がいつも言うように、ゼロポイントです。

魂がひょんなことから誕生して、無限大の体験をして、今ここにやってきたわけでです。

その体験により、知識と情報は実は自分の魂のエネルギーの中に無限大にあるわけです。

そこが自分に必要なものを必ず降ろしてくれるということを、親であっても、子どもであっても、大人であっても、知る必要がある時代を迎えています。

地球社会にあるからには、もちろん他人に害を与えてはいけない、人を殺してはいけない、人の生活をおびやかしてはいけないということはあります。

それは親が教えてきた部分もあるのですが、実は地球社会で生きていく中で、そういったものは直感で学んでいくものです。

家庭の中だけだと、接する人間の数が限られてしまうので、学校に行って不特定多数と交わることによって、集団生活の中で人と同調して生きていくには、どうしたらいいのかを学ぶことになります。

今まであなたが教わってきたこと、お子さんが今教わっていることは、これからの新しい世の中を生きていくのに、絶対的に必要なものではありません。

生命体、とくに人間のお話をしますが、地球人がオギャーと生まれたときに、既に脳ではなく遺伝子に、宇宙の叡智が入っています。

知識と情報は実は自分の魂のエネルギーの中に無限大にあるわけです。

みろくスクールでは、まずそのことを皆さんに知ってほしい。

挨拶することはハッピーですか

学校では、まず相手の目を見て、大きな声で挨拶することが大事だと教えます。目を見て、大きい声を出して「おはようございます」「こんにちは」「ありがとうございます」と言えれば、もちろん、それは非常によくできた子どもです。

家庭でしっかり教育されているんだろうな、家庭もしっかりしているんだろうなということになります。

しかし、実はシリウス的、もちろんアンドロメダ的なエネルギーの法則で言うと、エネルギーは、一人一人できることとできないことを持っています。

これはできるけれども、これはできないというのを、一人一人持っているわけですね。

エネルギーの法則で知っておいてほしいのは、できないものが大きければ大きいほど、できるものが大きいということです。

これは宇宙の普遍の法則であって、宇宙はニュートラルなのです。

エネルギーはもちろん最初はゼロから始まっているので、ポジティブもネガティブも包括しています。

つまり、地球で役立つことも、役立たないことも、魂としては両方持っているわけです。

地球では、ネガティブ、マイナスとされることを持っていれば持っているほど、ポジティブは持ちやすくなります。

今まで「挨拶しなさい」と言われてきたのですが、それがすごく苦手な魂もあるわけです。

自分を表現するのがすごく苦手だ、自分はそれをやりに地球に来たんじゃないよ、自分が地球に来たのはもっと愛を学ぶためとか、感謝を学ぶためだとか、いろいろテーマを持って来ています。

エネルギーの法則で知っておいてほしいのは、できないものが大きければ大きいほど、できるものが大きいということです。

これは宇宙の普遍の法則であって、宇宙はニュートラルなのです。

それなのに、挨拶ができる子はいい子です、できない子は悪い子ですということで始まると、そこでまず、「いい子」「悪い子」、「できる子」「できない子」が出てきます。

その次には、成績がいい子、成績が悪い子ということで優劣がつきます。しかし、皆さん、よく考えてください。

私は、もちろん偏差値社会を生きてきました。

大学受験では私は偏差値が非常に高くて、駿台予備校で87まで上げています。数学なんかは全国順位で１ケタに入っています。

私が入学した慶應義塾大学医学部は、東京大学医学部と双璧と言われてきました。片や国立の雄であり、一方は私学の雄です。

私はその中で、そこをやり尽くしてきたから言えるわけですが、学校で教わった数学とか、物理とか、化学とか、歴史とか、地理とか、一部役立つことはあっても、役立つのは本当にシンプルなベースのところだけであって、受験に必要なテクニックとか難しい知識が人生に役立っていますかというと、ほとんどノーです。

今、学校で受験のために教える知識、情報は、魂のエネルギーを上げる、次元上昇をさせる、つまり、人間が進化・成長するために必要なものではないということが、非常に大切なことです。

みろくの世に入るまでの学校では、もちろん挨拶ができて礼儀正しくというのを教わります。

よく勉強して偏差値を上げて、最終的にはよい学校に入りなさいということも、通常、親が望むものです。

それだけではないですが、学校の中心になっているのはそこでした。

そして、いいところに就職し、もしくはいい仕事を持って、いい生活をしなさい、心配がないよう安定した生活を築きなさい、いい家庭を持ちなさいという教育が、今までの地球で皆さんがレールを敷かれた世界だったわけです。

礼儀正しくすること、挨拶することがあなたはハッピーでしたか。

心地よかったですか。

勉強すること、先生に言われたとおり、試験にいい点数を取ること、偏差値を上げることが本当に心地よかったですか。

ハッピーでしたか。

そして、いい会社に入った人、入れば幸せになると思っていた人、あなたは本当に幸せですか。

あなたが望んでいた世界ですかということが、みろくスクールで皆さんに教える核になります。

つまり、あなたの魂がハッピーでなければ、あなたがこの世に生まれて、生を閉じるとき、死を迎えたときに、あなたは最高の人生であったということを本当に言えるでしょうか。

今までの学校で教えられたこと、家で親兄弟に教えられたこと、社会で学んできたことを一生懸命やってきた多くの人間は、外から見ると成功しているとか、あの人は優秀だとか、立派な人だとか思われているでしょう。

しかし、果たしてその中でどれぐらいの人が、自分は本当に最高の幸福な人生であると思っているだろうかということなんです。

私がみろくスクールをやらせていただいた一つの大きな目的は、皆さんが今までの既存の教育から抜け出して、全く新しい常識と固定観念のもとで生きる人間になるきっかけになってほしいということです。

例えば、あなたが「おはようございます」と先生とか、近所の人だとかに言ったとします。

あなたは何のために「おはようございます」を言ったか。

それは先生を喜ばせるため、先生に褒められるため、もしくは近所のおじちゃん、おばちゃんにいい子だと思われるためですか。

それはほとんどイエスだったと思います。

はっきり言うと、「おはようございます」と言ったことで、自分の魂がすごく気持ちいいから言っているのではないと思います。

「おはようございます」を発するときは、要するに、他人の意識を考えているはずです。

今までの教育で育った人間は全て、他人がどう思っているだろうか、自分は他人に

私がみろくスクールをやらせていただいた一つの大きな目的は、皆さんが今までの既存の教育から抜け出して、全く新しい常識と固定観念のもとで生きる人間になるきっかけになってほしいということです。

はどう映っているだろうか、他人は自分をどう評価しているだろうかというところをいつも視点として生きてきたのです。

「おはようございます」を、別に相手が何も評価しなくても、自分が言いたいから言うのか。

勉強するのは、勉強することで自分が心地いいから、ハッピーだからやるのかということです。

子どもは、生まれてきただけで親に恩返しできている

みろくスクールの観点でさらに言うと、今までの古い世の中は、目標を持たせます。

学校もそうですが、何点を目指しなさい。

赤点ばかり取る子は、赤点を取らないようにしましょう。

平均点を目指しましょう。

成績がいい子には、学年で10位以内を目指そう。

さらに言うと、どこどこの大学に受かりましょうという目標を持たせる。

皆さん、勉強は何のためにやってきたか。

学校の先生は、「勉強すればいい学校に入れて、いい仕事ができて、幸せになるわよ。お父さん、お母さん、家族も喜ばせることができるよ。家族に恩返しができるよ」と言います。

まず、親への恩返し。

校長の私も、そういう時期がありました。

小学校のとき、何で勉強していたのか。

勉強すると母親が喜んでくれたから。

幸せそうな笑顔をしてくれたから、それを私はいつも見たくて、勉強をやっていた部分が大きかったと思います。

でも、中学、高校になって変わってきて、大学受験のときは全く変わりましたが、そういう時期はあったと思います。

いまだにそういうふうに教えるわけですね。

親を喜ばせるのは、勉強して成績を上げることよと教えられた子どもは、勉強するのは自分のためというより、親に恩返しするためだと感じている。

これは冷たい言い方でも、残酷な言い方でもなくて、親というのは、子どもが生まれてきてくれただけで宇宙から十分な祝福は受けています。

子どもを持てた時点で十分です。

「私はひとり親で苦労したのよ」とか、「好きなこともやらず、子どものために一生懸命働いて育ててきたのよ」とか言いますが、あなたが産んだのだから、育てるのは当たり前です。

子どもをポイと放っておいて生きていけるのだったらいいですが、親がパチンコをしていて、子どもが車の中で死んでしまったり、家に置きっ放しにすると死んでしまう。

赤ん坊は肉体的には非常にか弱いものです。

だから、子どもが一人で自立できるところまで、最低限、中学生、高校生、もしくはそれ以上のところまで育てるのは当たり前のことなんです。

どんな苦労をしたかなんて、子どもが知ったことではない。

子どもとしては、生まれてきたことで、親に対する恩返しは十分できています。

子どもに面倒を見てもらおうという考えは捨てなさい

もう一つ、みろくスクールで皆さんに学んでほしい大事なことは、親が子どもの面倒を見たから、親が年取ったら、今度は面倒を見返してもらうのが当たり前だというような考えは、みろくスクールではバッサリ切ります。

子どもは自立できるようになったら、自分で好きな道を見つけなさい。

貧乏であろうと、裕福であろうと、楽であろうと、つらかろうと、自分の道を自分で進みなさい。

親は親で、子どもを見る責任を終えたなら、親の人生は子どもとは別だと考えるということです。

シリウスにしても、アンドロメダにしても、体を持たないから目に見える遺伝子がない。

そうすると、母親と父親でがんじがらめに固定された遺伝子がないのです。

DNAの自由度が非常に大きい。

絶対父親、絶対母親、絶対家族というのがないから、そういうしがらみがないのです。

地球というのは遺伝子が絡むでしょう。

「介護があるから、今、私の人生は幸せになれないんです。親の介護で疲れているんです。本当につらいんです」と言う人がいます。

私は、つらいことはやめなさいよ、つらいことをやっているのはあなたでしょう、自分がスイッチを入れかえれば楽しめるのにと言いたい。

私は医師だからこそ、みろくスクールの校長ができるのです。

親に余計な医療を受けさせるから、余計な配慮をする羽目になるのです。

覚えておきなさい。

みろくスクールの校長先生の私は、優しいことも言うけれども、厳しいことも言いますよ。

それは地球には喜怒哀楽があるべきだから、優しいことだけでは済まない、厳しいことだけでは生きていけない。両方必要です。

余計な医療を受けて、余計なドクターたちのよからぬことを聞かされる。

しかも、社会の体裁を気にして、子どもはこうあるべき、介護をしない子どもはとんでもないと思われるという思いが強過ぎる。

余計な医療をしなければ、人間は年老いて、衰えて、穏やかに、幸福に死んでいくわけです。

誰の手も必要とせず、自分だけで自立して穏やかに死んでいくのが人間なんです。

誰がそうさせていないか。

子どもがさせていないのです。

余計な医療をしなければ、人間は年老いて、衰えて、穏やかに、幸福に死んでいくわけです。

誰の手も必要とせず、自分だけで自立して穏やかに死んでいくのが人間なんです。

誰がそうさせていないか。

子どもがさせていないのです。

自分の「個」を大切に、自分に意識をフォーカスする

今、私は最初から30分近く話してきましたけれども、着地点を置いているのは次のところです。

赤ん坊がオギャーと生まれて、家族、学校を通して教えられてきたことで、個人の「個」を没収されてきたのです。

とくに学校で「個」が封印されてきました。

例えば10人いたら、A、B、C、D、E、F、G、H、I、Jとあるはずですが、全部Aにされてきました。

それが今までの教育です。

Aであるべきところを G になった人は、はぐれ者、いわゆる劣等生、問題児とされてきました。

赤ん坊がオギャーと生まれて、家族、学校を通して教えられてきたことで、個人の「個」を没収されてきたのです。

とくに学校で「個」が封印されてきました。

それが今までの教育です。

AであるべきところをGになった人は、はぐれ者、いわゆる劣等生、問題児とされてきました。

宇宙がこれから求めるみろくの世は、Ａ～Ｊ、全部必要です。

一つ抜けてもダメです。必要なＡは一人であって、あとのＡは必要ない。全部ポイです。

だから、これから今までの世の中の教育そのままで生きている人は、残される一人以外は、全部不必要になります。

人間に限らず、宇宙の中の生命はどうして存在しているのか。

存在し続けるのかというと、自分という「個」を大切に、自分の「個」だけに意識をフォーカスして、自分の「個」だけを育てていくためです。

自分の「個」だけに愛情を注ぐために生命は存在するのです。

みろくの世でも、私がこれからこの学校で教えていくのは、自分にフォーカスしなさい、自分を生きなさい、自分を愛しなさいということです。

私たちがもし１００年生きるとしたら、３万６５００日のうちの毎秒毎秒を、あなたは喜びで生きているかということです。

今のままいくと、３万６５００日のうち、あなたは何％、喜びで生きていますか。

人間に限らず、宇宙の中の生命はどうして存在しているのか。

自分の「個」だけに愛情を注ぐために生命は存在するのです。

みろくの世でも、私がこれからこの学校で教えていくのは、自分にフォーカスしなさい、自分を生きなさい、自分を愛しなさいということです。

例えば学校では劣等生で、あなたの価値は低いわよと育てられて、家族の中でも、あなたはできの悪い子ねと育てられて、社会の中でもパッとしなくて、さえないなと思われていて、収入もよくなくて、そんな裕福な生活もできず、自分の好きなこともできず、幸福を感じられず、子どもを育て終わって、これから自分の時間というべきときに親の介護をやって、親がようやく最期を迎えたら、もう自分が年取っていて、何もやる元気がない。

あなたには、今ここが最高で、楽しくて、喜びでいっぱい、感動でいっぱいという時間は何％あるか。

それを考えたら、今のままで生きていたら、おそらく大半の人が、死ぬ直前に、そんな日はほとんどなかったと思って終えるわけです。

あなたたちはみろくスクールの生徒なんですから、大事なことは、人を喜ばせるためにやっていることは全部やめなさい。

人に褒められるために今やっていることは、全部捨てなさい。

今、あなたが人生の中で何かを100やっているとします。

あなたには、今ここが最高で、楽しくて、喜びでいっぱい、感動でいっぱいという時間は何%あるか。

それを考えたら、今のままで生きていたら、おそらく大半の人が、死ぬ直前に、そんな日はほとんどなかったと思って終えるわけです。

99は、人を喜ばせるため、人に褒められるためにやっていることです。

あなたが魂のためにやろうとしていることは、100分の1しかないのです。

その100分の1さえも、99に押されて、ろくにできていない。

やろうともしていない。

つまり、一番いいことは、進んで劣等生になることです。

今、先生が求めることを、あえてできない人間になりなさい。

もう一つは、今の先生に褒められる人間になるな。

今の次元の先生に褒められて、うれしいの？

今の先生が喜びと感動で生きていると思いますか。

義務と閉塞感で生きているだけです。

その人たちに褒められてうれしいのかということです。

褒められるためにやらない、認められるためにやらないのだったら、何のためにやるか。

自分の魂を喜ばせることしかないじゃないですか。

一番いいことは、進んで劣等生になることです。
今、先生が求めることを、あえてできない人間になりなさい。
もう一つは、今の先生に褒められる人間になるな。
今の次元の先生に褒められて、うれしいの?

でも、今まで教えられたことは、自分の魂が喜ぶことだけをやっていたら、周囲に迷惑をかけるわよ、社会に迷惑をかけるわよ、それでは出世できない、いい仕事につけないわよ、いい収入が得られないわよ、いい生活ができない、家庭も築けないよと教えられてきた。

ポイントは、みろくスクールでは、数学、英語、理科、社会、家庭科、体育という教科別には教えません。

これは現代医学が脳外科、心臓外科、心療内科と分かれているのと全く同じであって、人間をバラバラに管理したり統制した場合は、魂は成長しません。

各部が修正されたロボットができ上がります。

周囲の評価を捨てなさい。

周囲に褒められることもやめなさい。

ものすごく楽になるでしょう。

あなただけの得意分野に突き進めば、サポートが得られる

例えば宇宙に100の魂、生命があったとすると、宇宙でそれぞれの魂が生まれたときに、既に魂同士がお互いの位置関係、お互いの存在を察知し合っているということを覚えておいてください。

だから、魂が地球に入ってくるまでに、私の得意分野はここ、私の能力はここ、あなたはここと、みんなで分担し合っている。

宇宙的に言うと、何もぶつかることはない。

地球にいると、みんな同じことを考えて、何かにぶち当たるとか、争いになるとか、けんかになると思ってしまうけれども、高次元の魂の世界では、お互いにそれぞれ魂の役割を分担し合っています。

だから、地球に生まれたときの人間たちの魂は、夢中になることがそれぞれみんな

違うわけです。

魂が最強に燃え尽きる世界、止めようと思っても魂のブルブルが止まらない分野は、誰ともかぶりません。

それがわかれば、そこに突き進むだけです。

例えば、私はプリンが好きです。

世界中のプリンを食べ尽くして、プリン博士になって、プリンのことを聞かれたら誰にも負けない。

目隠しで食べても何の材料か全部わかるし、どこの国の、どこの店のプリンかわかる。

そこまでやったらいいのです。

それはただの遊びでしょう。

魂の喜ぶことでしょう。

仕事として見つけるから、ろくなものが見つからない。

仕事は遊びから派生するものだというのが、みろくの世の法則です。覚えておいて

仕事は遊びから派生するものだというのが、みろくの世の法則です。覚えておいてください。

今までの3次元の社会では、人間は仕事を見つけに行きました。

仕事というのはイヤなことで、大してやりたくないし、興味ないけど、おカネをつくるため、生活をするために仕方ないと思って仕事をやるから、魂が喜ばない。

ください。

みろく前の、今までの3次元の社会では、人間は仕事を見つけに行きました。仕事というのはイヤなことで、大してやりたくないし、興味ないけど、おカネをつくるため、生活をするために仕方ないと思って仕事をやるから、魂が喜ばない。サポートも得られず、大して幸福とは感じられない。

当たり前の話です。

そんな仕事は、あなたが地球に来る前に最も求めていたあなただけの分野でないに決まっているから、大した仕事にもならない。

片や、私が世界中のプリンを全部食べて、誰よりもすごい状態になって、何でも答えられる、何でも指導できるということになれば、世界中から引く手あまたです。

出版社、映画業界、コマーシャル、ドラマ、学校の先生、栄養学の先生……、プリンに関しては誰にも負けないという世界だから、ひっぱりだこになる。

それがどうして成し遂げられたかというと、宇宙のときに決めている題材だから、やればやるほど楽しい。

みろくスクールで一番大事なのは、
好きなことは魂が求めるということ、
「楽で愉しい」ことです。
魂が求めることは、楽、かつ愉しい
のです。
要するに、義務感がない。義務感の
ある仕事はダメです。

みろくスクールで一番大事なのは、好きなことは魂が求めるということ、「楽で愉しい」ことです。

地球で皆さんがやっていることは、「楽だけど愉しくない」「愉しいけど楽じゃないんだもん」と、不満ばかり言っている。だだばかりこねていてはダメでしょう。

魂が求めることは、楽、かつ愉しいのです。

要するに、義務感がない。義務感のある仕事はダメです。

義務感を持っていたら、スーパーハピネス、無条件の幸福は絶対に訪れません。

無条件にやりたいことを、無条件にやることがスーパーハピネス

みろくスクールで教えることは、科目はないけれども、あなたが本当にやりたいことは何なのかということです。

介護があるけどできないなら、介護をやめなさい。

当たり前でしょう。

自分と親と、どっちが大事なの。よく見きわめなさい。

親はベッドの上で、そっとしておいて、食べたくなかったら食べさせないでいいのです。

そうしたら、数日で死んでいきます。

数日後にあなたにチャンスが訪れます。

そんな人を何年も何十年も生かしても、両方ハッピーではない。

死ぬほうもそのほうがハッピーです。

食べたくないのに食べさせるから、胃腸が苦しくて気持ちが悪い、体が重い、ウーン、ウーンとなる。

食べさせるから過栄養になって、床ずれができたり、いろいろする。

食べさせなかったら、タンパク質も血液量もそんなにないから、そんなに苦しむことはありません。

穏やかにスーッと、いつの間にか息を引き取っていきます。

ドクタードルフィンのみろくスクールの名言が出ます。

「地球の介護は宇宙の拷問」、シンプルでわかりやすい。これがよくわからないとダメなのです。

「地球のムダな長生きは、宇宙の大地獄」、これも知っておいたほうがいい。

食べなくなったからと病院に連れていって、無理やりチューブにつないで栄養注入する。

動かなくなったからと、無理やり足を引っぱったり伸ばしたり、宇宙的に言うと拷問です。

またドクタードルフィンのみろくスクールの名言が出ます。

「地球の介護は宇宙の拷問」、シンプルでわかりやすい。これがよくわからないとダメなのです。

「地球のムダな長生きは、宇宙の大地獄」、これも知っておいたほうがいい。

この辺がわかってくると、あなたはあなたを大事にしないといけないということがわかってくる。

まず、親が悪い。

あなたたちも親なのだから、そこは肝に銘じないとダメです。

子どもがいるなら、子どもに求めないでください。

おカネをかけたからといって、子どもからおカネを奪おうとしないでください。

あなたが愛情を子どもに捧げたら、子どもが次の世代に捧げるものなのです。

バトンタッチしてリレーされていくのが愛情なのに、愛情が戻ってくるという勘違いはどうかしないでください。

おカネも一方通行です。
一方的に投げたら、それを受けた人がバトンタッチして、次におカネを投げるのです。
投げたときに、返ってくることを想像して投げないでください。
この地球人のミステイクは一番醜いですよ。

愛情をかけたからといって、愛情が戻ってくると勘違いしないでください。

あなたが愛情を子どもに捧げたら、子どもが次の世代に捧げるものなのです。

バトンタッチしてリレーされていくのが愛情なのに、愛情が戻ってくるという勘違いはどうかしないでください。

おカネも一方通行です。

一方的に投げたら、それを受けた人がバトンタッチして、次におカネを投げるのです。

投げたときに、返ってくることを想像して投げないでください。

この地球人のミステイクは一番醜いですよ。

おカネをあげるときは、自分が喜ぶから相手の魂が喜ぶ。

自分のためになるからと思って、あげればいいのです。

返ってくることを期待してあげたら、そのおカネは悲しんでしまい、いろんなものに貢献しないわけです。

今日のみろくスクール第1回の授業で私が言いたいのは、条件つきのやりたいことは、あなたを究極の幸福にはしません。

おカネがあったらこれができるのに。

介護がなければできるのに。

健康だったらできるのに。

そんな人間に、実際におカネを与えても、健康を与えても、人脈を与えても、何も生み出しません。

幸福にもなれません。

私は、無条件の幸福、スーパーハピネスを世界に広げます。

みろくスクールの求めるところは、スーパーハピネスです。

みろく以前の3次元の社会がつくってきたものは、こうだったら幸福という条件つきの幸福です。

こうでなくても、ああでなくても幸福という状態、対象が何もなくても幸福という状態を求めに行くのです。

そのためには、無条件にやりたいことを、無条件にやることです。

そのためには、無条件にやりたいことを、無条件にやることです。

おカネがないからやっていない、人脈がないからやっていない、自分に能力がないからやっていない、自分に時間がないからやっていないというあなたは、3次元の学校に行き続けて、永遠に地球という厳しい修行の場、修羅場でもっとムチ打たれなさい。

おカネがないからやっていない、人脈がないからやっていない、自分に能力がないからやっていない、自分に時間がないからやっていないというあなたは、3次元の学校に行き続けて、永遠に地球という厳しい修行の場、修羅場でもっとムチ打たれなさい。

私がみろくスクールをやっているのは、皆さんをそこから救うためです。

修行で毎日ムチ打たれて、それが当たり前と思っているあなたたちにも、実はあなたたちがムチ打たれたくないなら、打たれない世界があるんですよ。

魂の望みに従って、今まで存在していないことを築け

あなたがおカネがなくてできないなら、おカネがあるからできることもあるでしょうけれども、おカネがないからできることも必ずあります。

例えば、あなたが飛行機のパイロットになりたいとする。

でも、自分には能力もない。おカネもない。若さもない。何もない。

そのときに、では飛行機の模型をつくるとか、飛行機の機体を勉強して誰にも負けないようになる。

会社から、「あいつは飛行機の機体については誰よりも詳しいぞ。ちょっと呼んでこい」と声がかかる。

とんとん拍子に飛行機に乗ってみるかということになる。

時間がないのだったら、一瞬でできることをやりなさい。

数秒でできることがあるはずです。

あなたは、できないことしか考えていないから、できないのです。

みろくスクールがとくに子どもたちに学んでほしいのは、親がやってほしいことをやるな。

学校の先生が望むことをやるな。

社会がいいということをやるな。

今、社会で成功している人に憧れて、同じことをやるな。

あなたは、できないことしか考えていないから、できないのです。

みろくスクールがとくに子どもたちに学んでほしいのは、親がやってほしいことをやるな。

学校の先生が望むことをやるな。

社会がいいということをやるな。

今、社会で成功している人に憧れて、同じことをやるな。

その人間たちは一瞬で古くなります。

その人間たちは一瞬で古くなります。

みろくの世は、書きかえが激しい。

今までは、憧れの人が自分の憧れのままでいる期間が、20年、30年はありました。

今は1日、1カ月で書きかわりますから、誰にも憧れを求めるな。

人がやっていることに憧れるな。

今まで地球社会に誰もつくり出さなかった、存在していないことを、自分で築き出せ。

ドクタードルフィン校長がこう言うと、築けない、築けないと焦る人もいるでしょうが、そういうものは勝手に築かれるのです。

例えば、自分は億万長者になって、ドバイの高層マンションの最上階でふんぞり返って、いつもシャンパンを飲んで、楽な生活したいんだというのだったら、例えばシャンパンの名前を全部覚えて、水をシャンパンだと思って飲んでいたら、道が開けてきます。

できることはいっぱいあります。

やらないだけです。

誰にも負けないものは、どうやってつくられるか。

誰にも負けない能力とか、素質とか、知識・情報とか、自分をつくるということは、無条件にやりたいことを、誰が阻止しようと、誰が「バカ」と言おうと、誰が「ムダだ」と言おうと、あなたがどの瞬間も永遠に夢中になって、無条件に喜びと感動に包まれて突き進むことです。

もし、それが喜びと感動を常に持てないなら、変えることとです。

あなたが宇宙で選んでいる一つの能力は、喜びと感動が永遠に続きます。

その日は諦めても、次の日にまた蘇ってきます。

もちろんムラがありますよ。

ダメかなあとか、自分にはムリかなあと思う日もありますが、でも、やり続けるのです。

3年後、何も見えないけれどもやり続けるのか。

はい、そうです。

そうしたら、いつの間にか芽が出ていて、いつの間にか花を見ています。

これが本当のみろくの世の生き方なのです。

宿題はやるな。宿題なんか出すのは、本当に低次元の先生です。

街を見れば、マスクをしているマスクゾンビばかりがいて、正気も生気も失っている。

あんなものは反みろくの、地球のまさに修行の地獄、ムチの嵐を自分で打たせたがっている人間です。

どうかそういうのにならないでください。

あなたは、人からやりなさいと言われたことをやっているようではダメです。

今あなたたちに命令してきた、教えてきた人間は、決してエネルギーが高くありません。みろくのエネルギーなんて持っていない人ばかりです。

その人たちが言ってきたことは適当にあしらって、自分がやりたいことをやり続ければ、最初は怒られるかもしれないし、バカと言われたり、変人扱いされたりするかもしれないけれども、いずれみんなが寄ってくるようになります。

みろくスクール校長の格言をまた言いますよ。

あなたが魂の望みに従って、誰が何とけなそうと、妨害しようと、あなたが無条件に愛と喜びで、感謝を持って、感動を持ちながらやり続ければ、あるとき、いつの間にか自然に人が寄ってきて、社会があなたのほうを向くようになります。

みろくスクール校長の格言をまた言いますよ。

あなたが魂の望みに従って、誰が何とけなそうと、妨害しようと、あなたが無条件に愛と喜びで、愛を持って、感動を持ちながらやり続ければ、あるとき、いつの間にか自然に人が寄ってきて、社会があなたのほうを向くようになります。

日本中の親子よ、みろくスクールに来たれ

ドクタードルフィンは1時間突っ走りました。
きょうはコカ・コーラも出してもらえなかったし、寂しかった（笑）。
あると聞いていたのに。
私は何を話そうか、何も決めてこないのです。
決めたらダメなんです。
そんな脳を使って話していたら皆さんに失礼だし、脳を使った世界なんか教えても、

何にも役立ちません。

私はアンドロメダの直系で、菅原道真の霊も働いて、いろんなパラレルの過去生が私を声援して、今、話させているわけです。

（コカ・コーラが出てくる）

ちょっと遅かったじゃないの。

（事務局「気合いを入れ過ぎて凍っちゃって、急いで溶かしていたんです」と言う。

会場爆笑。

ドクタードルフィン、栓を抜くと、泡があふれ出る）

あーっ、コーラも興奮しているわ。

オンラインの皆さん、カンパーイ！　オンラインの皆さんもみろくスクールご

入学おめでとう。みろくの世に羽ばたけ。（拍手）
今日の参加者の皆さんもバンザーイ！　みろくの世に羽ばたけ。
（参加者「バンザーイ！」と唱え、拍手）

コカ・コーラを飲もうね。みろくの世の最高のドリンクよ。

プリンもいっぱい食べて。

肉を食べるならジンギスカンよ。

僕がＤＮＡを読んだら、肉の中で唯一、羊だけが松果体を活性化するからね。飲み物の中で松果体を活性化するのは、ＤＮＡを読むとコカ・コーラとレッドブルです。

私は、自然に松果体を活性化するものに飛びついているわけです。

コカ・コーラがダメと言われたら飲まないというのは、松果体が宇宙とつながらない。

これはつながらないようにしてきた社会の集合意識にやられているだけなのです。

私は、魂が飲みたいから飲むんだもの。

札幌で4カ月間、病院に勤務していて、体重が12キロ増えたっていいじゃない。
ジンギスカンばかり食べていたっていいじゃない。
毎晩すすきのに行って、ジンギスカンを食べちゃったんだもの。
しようがないじゃない（笑）。
それぐらいうまいんだから。
それがみろくの世に生きるすべなのです。
みろくスクールは3回を予定しています。
皆さんがおいでになればもっと続くかもしれません。
今までの学校が必要なくなってくると、私の学校が必要になるのです。
ここにもっと子どもが来ないとダメなんです。
子どもが参加しないとダメなの。
親が眠っていてはダメなの。
自分の介護ばかり求めていてはダメなの。
子どものことを考えたら、あなたはおば捨て山、おじ捨て山の頂上で暮らせばいいの。

私と一緒に暮らそうよ（笑）。

何を感じたかいろいろあると思います。

私が1時間話すと相当濃い話で、地球が爆発するぐらい濃いから、自信を持って今日のことを実践してください。

また、第2回、第3回も続けて来てほしいと思う。

こういう世だからぜひ続けてください。

おカネとか時間とかいろいろあるけれども、そんなものは、あなたがやろうと思って、その場を何とかしたら、何とかなるものです。

あなたが本当に魂の求めることをやれば、ちゃんとサポートされます。

友達を呼んできてください。

気になるお子さんがいるでしょう。

その親子を連れてくる。

オンラインでもいいし、リアルの会場参加でもいい。

日本中の学校嫌いの親子がみろくスクールに来たらいいのに、この体たらくは何だ。

みんな、洗脳されたマスクゾンビばかりだ。いいかげんに目覚めなさい。

これから私の教えをしっかり受け入れてもらえば、みろくの世の幸福をしっかり感じて生きていける存在になってくれると思っています。

みろくスクール

第２回授業

みろく国語・みろく社会

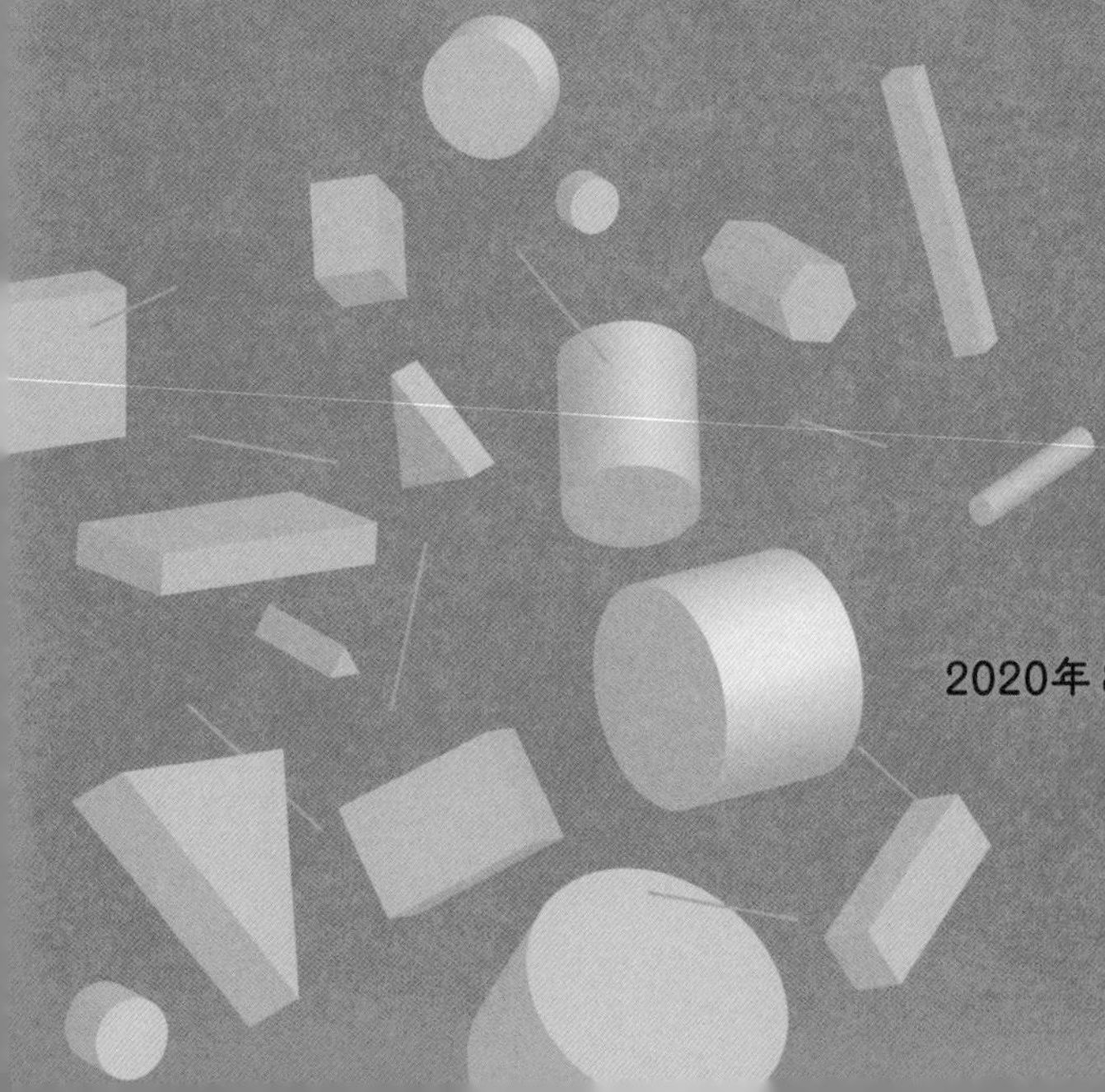

2020年８月29日

安倍さん、みろくの世を出現させるために身を引く

みろくスクール校長、ドクタードルフィン、松久正でございます。(拍手)
会場の皆さん、こんにちは。オンラインの皆さん、チュッチュッチュー。(拍手)
お暑い中、皆さんの魂を燃やし尽くしちゃいますから、皆さん、最後は燃え尽きて灰になって帰ってね。
きょうは2回目の授業です。1回目の授業は総論みたいな感じで、道徳的な授業と捉えてもらったらいいと思います。
「みろくの世」というのは何でしょうか。愛と調和に満ちた新しい世のことをいいます。これからはみろくの時代です。
安倍総理が、残念ながら辞めてしまいそうです。
私は彼をサポートしてきたのですが、彼が辞めることで世の中のスイッチが入ると、

彼がどうやら認識したということみたいです。

ただつらいから辞めるのではなくて、世の中をよくするために、みろくの世を出現させるために、彼が一旦身を引いたと考えるのが、私の読む正しい捉え方です。

だから、見守っていきたいと思います。

「みろく国語」では、やりたいことを最初に言う

きょうの授業は、「みろく国語」と「みろく社会」です。

半分ずつぐらいやります。

今までの学校は、これからのみろくの世ではほとんど役立たなくなります。

教えられていた国語、社会も、悲しいことに役立たなくなってしまうのです。

私こそが、新しい国語と社会を教えられるのです。

学校の国語の授業で先生によく教えられましたね。

例えば、順序を追って説明しなさい。

「私は、私の父と一緒にショッピングセンターに行って、おもちゃを買いたいのです」と、主語と目的語を続けて、最後に述語を述べなさい。

でも、私はこれに耐えられません。

子どものころから、そういう高次元の感覚がありました。

私は、何がしたいかを最初に知りたい。

おもちゃを買いたい、それでいいのです。

あとは、誰と行こうが、どこへ行こうが、どうでもいいのです。

魂が何を望んでいるかということが、自分を表現するにも大事になるし、自分以外の人を理解するにも大事になります。

まず、国語では、今までは何をしたいかを一番最後に言っていましたが、それを最初に言うことで進化します。

これからは、ムダな時間を自分も使わないし、相手にも使わせない。ムダなエネルギーを使わないということです。

みろくの世になると、人間は自分のことだけで精いっぱいです。

自分のことに夢中になってしまって、それだけでエネルギーを全部使ってしまう。

自分以外のことに興味がなくなる。

それでいいのです。

今までがダメだった。

だから、まず「何をやりたいか」を言うことです。

それから、謙虚になりなさいと教わってきました。

本当の自分の気持ちを出さずに、まず相手の気持ちを考えてお話ししなさいと教わってきました。

これは、「みろく国語」では全く通用しなくなります。

それをやっている限り、あなたは永遠に愛と調和の反対、分離と破壊にどんどん行ってしまいます。

今まで、世の中が戦争したり、相手の腹を探ったり、いろいろしてきたのは、本当のことを表現してこなかったからです。隠してきたのであり、それが当たり前になっ

みろくの世になると、人間は自分のことだけで精いっぱいです。
自分のことに夢中になってしまって、それだけでエネルギーを全部使ってしまう。
自分以外のことに興味がなくなる。
それでいいのです。
今までがダメだった。
だから、まず「何をやりたいか」を言うことです。

てきたのです。

いろんな意味で、自分の本心を知られるのが怖いというのもあるし、もしくは、相手に気を遣っているということもありました。

でも、自分が本当に思ったことを言わないとダメです。

皆さんは、相手を傷つけないように、自分が生意気に見えないように、謙虚に見えるように、自分が思っていることを装飾してお話しします。

そんなことをやっているから自分の望みも実現しないし、相手にも気持ちが伝わらないのです。

自分は本当に何をしたいのか。

何を考えているのか。

たとえ相手が傷ついたとしても、自分が言うべきときは言う。

自分が言うべきことを素直に言って、相手が傷ついた場合は、相手が傷つく必要があったということです。

相手が傷ついたことを、相手がいずれ感謝するときがやってきます。

それを勇気を持ってやっていくことが大事です。

読書感想文の書き方

夏休みなどによく読書感想文を書かされました。

推薦図書自体がみろくのエネルギーではないのです。

自分を犠牲にして人を助けたとか、貧乏なのに努力したとか、親孝行したとか、そんな話ばかりです。

今までの国語では、人を思いやる気持ちとか、人の気持ちになって考えることとか、そういうことを大事に教えてきました。

みろくスクール校長のドクタードルフィンは、それを否定はしません。

今までの地球人類の次元において成長するには、そういう段階が必要でした。

その段階を飛び越して、私がこれから教えるみろくの世の段階に入ることはできませんでした。
だから、今まではそういうことでよかったのです。
例えば悲しい話。
最後に大事なお母さんが死んでしまいました。
飼っていた愛犬が死んでしまった。
悲しかった。
でも、いい思い出を残してくれてありがとう。
主人公がこれから生きる力になったという美しさがありました。
これはこれですばらしかった。
今までの「３次元国語」は、脳で考えて、死ぬことは寂しい。
ハートで考えると、ぽっかり穴があいている。何かむなしい。
脳と心で考えることを国語で教えてきたのです。
でも、「みろく国語」はここでは止まりません。
もっと深い魂を読んでいきます。

今までの「3次元国語」は、脳で考えて、死ぬことは寂しい。
ハートで考えると、ぽっかり穴があいている。何かむなしい。
脳と心で考えることを国語で教えてきたのです。
でも、「みろく国語」はここでは止まりません。
もっと深い魂を読んでいきます。

母親が死んだ、愛犬が死んだということは、何を主人公にもたらしてくれるのか、主人公をどう成長させてくれるのかということに入っていきます。

感想文を書くにしても、みんなの前で感想を発表するにしても、例えば人が亡くなって悲しいお話をするときは、地球次元、3次元で捉えると悲しいお話で、立ち上がれないくらいのショックを受けた。

でも、そこから立ち上がって、主人公は生きる力を獲得していきましたという美しい話で、それはそれでいいのですが、そこで終わったら、「みろく国語」ではありません。

「みろく国語」では、人間は体を持って生きている、その死をあえて主人公に見せてくれた、人の命ははかないものだけれども、死というものは決して寂しくないと感じたとか、ドクタードルフィンの教えで、いろいろな高い次元の教えに触れて、新しい世界に行ったということを学んだ。

お母さんは貧しくてつらい思いをして、離婚して一人で子どもたちを育ててくれたけど、それも自分自身の進化・成長のためだったし、子どもたちにそれを教える役割も持っていた。

非常にありがたい。

お母さんは自分のお母さんでないとダメだった。

親子で約束してお母さんのところにやってきたのは、お互いにこういうことを学ぶためだったとわかるのです。

あるいは、愛犬がいなくなったのは寂しいことだけれども、何も寄り添うものがなくても、慰めるものがなくても、自分自身でコントロールする力を持っていることを教えてくれた。

ほかにもいろいろな意味がありますが、一つにはそういう役割があったのです。

「みろく国語」では、今までの死は悲しい、別れは悲しい、一人になることは不幸だということを、逆に捉えることが必要です。

ひっくり返す勇気

「みろく国語」では、今まで「悲しい」と言っていた表現を「うれしい」に変える。勇気が要りますよ。

例えば、お葬式というのは本当にネガティブなエネルギーです。

大体遺産のことを考えていたり、いろんなもくろみがあるのに、顔は涙を流している。

そして、お葬式の後、お酒を飲んで喜んでいる（笑）。

そのときに勇気を持って、「この方はすばらしい一生で、穏やかに亡くなってお喜びさまです。大変幸せでしたね。私はとてもうれしい」と言うのです。

暗い顔をしていてはダメです。

ひっくり返す勇気です。

例えば、誰かが試験に失敗したときに、「かわいそうに。大丈夫よ」と慰めるのでなく、「よかったな!」と、そこで赤飯を炊く。

今までは合格したときに赤飯を炊いていましたが、「みろく国語」では失敗したときに炊くのです。

失敗したときのほうが余力が強い。

成功したら、それより上に行くのは難しいのです。

失敗したときはレベルが落ちるけれども、上がったらそれまでの成功のレベルを飛び越えます。

みろくの世になると、失敗することを好むようになります。

わざわざ失敗しなくてもいいけれども、失敗を愛するようになります。

昔から仏教で言われてきたように、この世は無常の世である。

そのとおりであって、この瞬間、瞬間、常に変化しています。

だから、うまくいった、いかなかったと判断するのでなくて、ジェットコースターと同じで、下って興奮を味わうには上がらなければなりません。そして下がるのです。

ひっくり返す勇気です。

例えば、誰かが試験に失敗したときに、「かわいそうに。大丈夫よ」と慰めるのでなく、「よかったな!」と、そこで赤飯を炊く。

今までは合格したときに赤飯を炊いていましたが、「みろく国語」では失敗したときに炊くのです。

下って、また上がるわけです。

常にその連続です。

「みろく国語」において非常に重要なことは、こういう場面ではこう言うべきだと、あなたの脳とハートが言わせていたならば、それを全部断ち切って、皆さんが本当に伝えたいこと、感じることを伝えることです。

敬語は、これまで上辺だけで使っていました。

「長く生きてきた人には敬語を使いなさい」と言われてきました。

でも、会場の皆さんも、オンライン参加の皆さんも、ドクタードルフィンの教えを学んでいる人が多いから、よくわかっているでしょう。

長く生きていても、どうしようもないボンクラもいます。

肩書がいっぱいあっても、テレビを見ていたらわかるでしょう。

政治家さんたちとか専門家さんたちとか、どうしようもない。

困ってしまいますね。

今まで先生に教えられてきた「長く生きている人を尊敬しなさい」とか、「一生懸命努力して成功を勝ち取ってきた人を敬いなさい」という教えは、もちろん全部間違いではありません。

今までは役立ったけれども、それだけではダメになります。

今までは、努力・我慢してきた人を敬うという教えが強かった。

貧乏でも努力・我慢して、正直に生きてきた人を敬う。

体裁を大事にしてきた人が尊敬される時代を築いてきました。これからはそうではありません。

「みろく国語」では、誰に反対されようと、誰が非難しようと、一つの物事をやり続ける能力が非常に評価されるようになります。

喜怒哀楽を超越した魂の視点

今までの国語の時代は、喜怒哀楽を大事にしました。

文章でも、喜怒哀楽が大事でした。

でも、人生は自分がシナリオとして描いてきた演劇だということを知れば、喜怒哀楽は魂で捉えるものではないということがわかってきます。

それは脳とハートで捉える遊びです。

どんなうれしいことがあっても、悲しいことがあっても、つらいことがあっても、同じテンションでいることが大事です。

もちろん、地球にいると喜怒哀楽は大事です。

例えば、私がぬいぐるみに出会って、それをゲットしたときの喜びは言葉にはあらわせません。

また、軽井沢で6回目のトライでカブトムシが何十匹も誕生したときの喜び。

生まれないと寂しいし、死んでしまうと寂しい。

そういうことは誰にでもあります。

今までは、悲しいときは悲しいだけ、「悲しい」の一本負けでした。

つらいときは、「つらいわね。みんなで元気になるように祈りましょう」とやって

これからは変わります。

悲しいときは、「こんな悲しい演劇をしているんだ。面白いなあ。この悲しみ方は最高だ。もっと落ち込んだらいいのに」とか、人が死んでしまったらすごく悲しかったけれども、「この魂は新しくどんな次元へ行ったのかな。こういう次元を幕引きすることは祝福だからな」と、悲しまない。

きました。

これからは変わります。

悲しいときは、「こんな悲しい演劇をしているんだ。面白いなあ。この悲しみ方は最高だ。もっと落ち込んだらいいのに」とか、人が死んでしまったらすごく悲しかったけれども、「この魂は新しくどんな次元へ行ったのかな。こういう次元を幕引きすることは祝福だからな」と、悲しまない。

喜怒哀楽は大事だけれども、それを飛び越えたところにある魂の視点からの見方が非常に重要です。

コーラ・ブレーク

松果体の元気がちょっとなくなってきたから、元気にしましょう。（コカ・コーラの栓をあける）魂に乾杯！（拍手）

私の新しいホームページを見てくれましたか。

マスコミに写真をいろいろ流用されて、「鎌倉のポアロ」「変態ドクター」とか言われて、いろいろな色がついてしまったので、アルマーニのジャケットで、００７を飛び越えた「００８ジェームズ・ボンド」というイメージでホームページをつくりました。

生徒が先生を教える

皆さんは、先生に言われたら「はい」と言いなさい、先生の言うことを聞きなさいと言われて育ってきました。

「みろく国語」では、本当に尊敬する人の言うことは聞くけれども、尊敬していない人の言うことは聞きません。

それはしようがないことです。

「みろく国語」では、本当に尊敬する人の言うことは聞くけれども、尊敬していない人の言うことは聞きません。

それはしようがないことです。

だから、これから先生という職業は非常に厳しくなってきます。

先生は魂のレベルが上でないと教えられなくなります。

テラヘルツ波健康ネックレス
「ナチュレビューティー・リカバリーネックレス」

商品価格：各20,900円（税込）

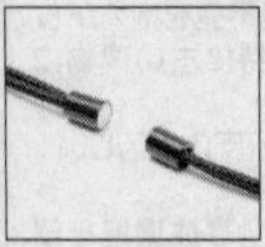

簡単なワンタッチ着脱。

大人気「ナチュレビューティーシリーズ」に、首回りのこり、肩こり、冷えや痛みのリリースに最適な「リカバリーネックレス」が登場。素材は、ホタテ貝の焼成パウダーに、炭から出るマイナスイオンと調湿力を混合した水溶液「エコタン水」と、パワースポットである宮崎県高千穂山系の石で遠赤外線を放射する「天照石」の粉末。これらを純シリコンに練り込み、組紐を形成。さらに「テラヘルツ」の効果を発揮する「テラウェーブ加工」を施しました。「テラヘルツ波」は透過性・浸透性が高く、波動が体内に伝わることで共鳴反応が起こり、体を活性化させます。首は、肩こりや背中のこりにも繋がる人体の重要なポイント。長時間着けていることができるネックレスタイプなので、日常生活に溶け込み、快適な動きをサポートします。

カラー：ブラック、シルバー／サイズ（組紐の長さ）：50cm／素材：[TOP 部分] アルミニウム、[組紐部分] 純シリコン、天照石粉末、エコタン水／男女兼用／テラウェーブ加工済／日本製

夢が叶うピラミッド

商品価格：通常版（シルバー）36,000円（税込）／ゴールド 48,000円（税込）

叶えたい夢が書かれた紙を、ピラミッドに預けて願望実現！

シリウスチャネラー・発明家の櫻井喜美夫さんが、シリウスから啓示を受けて作った、願望実現装置「夢が叶うピラミッド」。内部では物が腐りにくく、脳波が安定して瞑想に適するという、ピラミッド状の形が持つ特殊なエネルギーに着目しました。「夢が叶うピラミッド」は、天と地を繋ぐ媒体。内部に願いごとを書いた紙を預け、また自身でもその願いを声に出すことで願望を実現へと導きます。ピラミッドに預けた願いは、鮮度を保ち腐りにくく、スムーズに天へと繋がります。まさに願いが実現したような気分になって、このピラミッドをご活用ください。ひとつ叶える毎に願いをグレードアップさせていき、成功体験を重ねましょう！　よりエネルギーが調和した「ゴールド」も新登場です。

サイズ：約12cm×12cm×高さ８cm／重量：約245g

マイクロ・ナノバブル 全自動洗濯機用 Wash AA

商品価格：9,900円（税込）

「洗身料 Corede（コレデ）」の開発者・平舘修さん太鼓判！　洗濯機に取り付けるだけで、洗濯の際にミクロの泡が繊維の隙間に入り込み、PM2.5や黄砂、花粉などの微粒子のほか、嫌な臭いの原因物質をも強力除去してくれる「全自動洗濯機用 Wash AA」。国内ほぼすべての洗濯機に対応し（※二槽式洗濯機は除く）、ご自宅で簡単に取り付けられます。体を守り、常に肌が触れている衣類は健康面においても重要です。繊維の中まで洗浄できるため、仕上がりはふっくら柔らか。臭いも解消し、除菌効果が期待できます。また洗濯物だけでなく、洗濯槽・排水管の汚れも軽減。交換不要で半永久的にお使いいただけます。より繊細な洗浄力で、ご自宅の洗濯機をパワーアップさせましょう！

サイズ：幅３㎝×奥行３㎝×高さ６㎝／重量：156g／材質：黄銅／千葉ものづくり認定製品、東京都中小企業振興公社販路開拓支援商品

シンセラミック

商品価格：4,400円（税込）

波動研究家の山梨浩利さんが開発した、水や油を改質する機能性セラミック「シンセラミック」。この「シンセラミック」で処理した水は、優れた「水和力」（なじむ力）、学習能力を持つ「生体水」へと質が変換されます。この水を日常的に取り入れることで、生体のバランスが整えられるようになるでしょう。コーヒーを淹れる際や、炊飯・お料理に。また、ペットや植物に与えるお水、お掃除や加湿器になど、幅広くお使いいただけます。料理の美味しさ、お肌や髪の調子、ペットの毛ツヤや臭い、植物の健康などに貢献し、あらゆる生体の調子を整えて波動レベルがイキイキと高まるでしょう。

サイズ：直径約53㎜／重量：約50g（ステンレスボールを含む）／原材料：機能性セラミック、ステンレス／使用方法：ご使用の前に「シンセラミック」を流水で軽く洗ってください。１Ｌの水に対して「シンセラミック」を１つ入れ、３時間ほど置いてからお使いください。※「シンセラミック」はステンレスボールから出さずにお使いください。

クリスタル岩塩パウダータイプ

商品価格：1kg 2,500円（税込）／250g 960円（税込）

『なぜ《塩と水》だけであらゆる病気が癒え、若返るのか!?』の著者・ユージェル・アイデミール氏も取り上げた、微細な光子（フォトン）によって結合した、古代海底地層の「クリスタル岩塩」。さらさらしたパウダータイプが登場し、より使いやすくなりました。「クリスタル岩塩」はミネラルが高い密度で結晶体となっていて、水に溶ける際にエネルギーが放出されるといいます。また、エネルギーを含む塩水を補給する「塩水療法」は体内環境を整える健康維持法として、古代より伝承されています。そこで、適度な水分と塩分補給を、手軽に、こまめに続けられる「塩水療法セット」もご用意。こちらも注目です。原産国：パキスタン

信楽焼イオンボトル、計量用ミニスプーンが付いた「塩水療法セット」商品価格：3,780円（税込）。ボトルのカラーは3種類から選べます！

ハイパフォーマンス水素カルシウムサプリ

商品価格：15,000円（税込）

ソマチッドの魔術師の異名を持ち、数々のユニークなソマチッド製品を世に送り出している、施術家・セラピストの勢能幸太郎氏が自信を持って発表したサプリメント。体内環境の最適化に欠かせない超微小生命体・ソマチッドと善玉カルシウムをたっぷりと含んだ北海道八雲町産「八雲の風化貝」に水素を吸蔵させたこのサプリは、溶存水素量最大1565ppb、酸化還元電位最大－588Vと高濃度の水素を長時間体内で発生し続け、細胞内のミトコンドリアでエネルギーを産生する水素が持つ働きをソマチッドが補完し、その相乗効果により効率的に体を元気にします。太古の叡智が詰まったソマチッド＋カルシウムと水素の共演による超パワーで、丈夫でイキイキ、若々しい体づくりをサポートします。

内容量：180粒／原材料：水素吸蔵カルシウム（国内製造）、パパイヤ抽出物、米麹粉末／貝カルシウム、ショ糖脂肪酸エステル／使用目安：1日6粒（朝晩3粒ずつ摂るのが理想的です）

CMC スタビライザー

商品価格：No.5（白・赤・空）各55,000円（税込）／No.10（ベージュ）99,000円（税込）／No.20（白・赤・黒）各165,000円（税込）／No.50（白・赤・黒）各385,000円（税込）／No.80（白・赤・黒）各572,000円（税込）

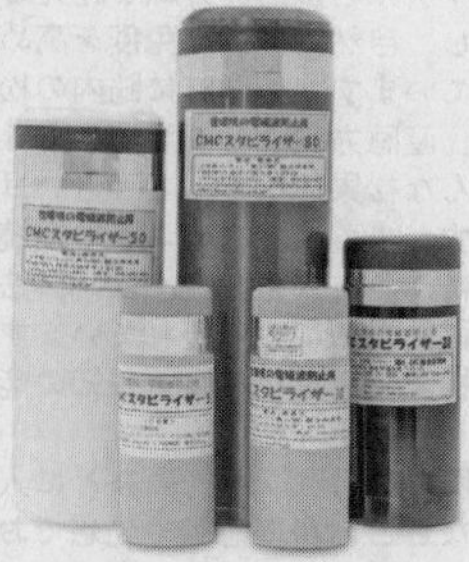

遺伝子（DNA）と同じ二重螺旋構造を持つヘリカル炭素・CMC（カーボンマイクロコイル）。人間の鼓動と同じリズムで回転しながら生命と親和し、生き物のように成長するCMCは、人工電磁波に対して誘導電流を発生させることで周囲をゼロ磁場化し、安全な波動へと変調させる能力を持ちます。こうした特別な性質を活かし、設置型5G電磁波対策グッズとして開発されたのが「CMCスタビライザー」です。強力な5G電磁波はもちろん、地磁気、ネガティブエネルギー、他人からの念や憑依といった霊的影響からも守り、ゼロ磁場の良い波動を周囲に拡げます。そして、脳をα波優位のリラックス状態に導き、体に蓄積された水銀などの重金属はデトックスされ免疫アップの期待も。さらに人の健康や長寿に影響を与えるDNAの塊「テロメア」にも良い影響を与え、心身の健康・美容に計り知れない貢献をしてくれます。CMCの充填量や建物の面積などを参考に5種類の中からお選びいただき、CMCの螺旋パワーを毎日の安全・安心にお役立てください。

容器：SUS製円筒容器／有効期限：半永久的

こんな環境にはぜひ設置を！

●パソコン、コピー機、無線LANなどがある　●モーター、電子機器がある　●高圧送電線・携帯電話用アンテナ、柱上・路上トランス、太陽光または風力発電所がそばにある　●地磁気の低い土地にある　●静電気ストレスがある　LED照明を使用している

	色	サイズ	重量	CMC充填量	有効範囲
	白・赤・空	底直径4.5×高さ12cm（赤のみ底直径5.5×高さ14.5cm）	約80g（赤のみ約140g）	5g	半径約50m
	ージュ	底直径4.5×高さ12cm	約85g	10g	半径約75m
	・赤・黒	底直径5.5×高さ14〜14.5cm	約180g	20g	半径約100m
	赤・黒	底直径7.5×20cm	約350g	50g	半径約200m
	・黒	底直径7.5×25cm	約440g	80g	半径約300m

11−1（イチイチのイチ）

商品価格：1箱2g（粉末）×30包　9,612円（税込）
3箱セット　27,000円（税込）

「11−1」は、東京大学薬学部が長野県の古民家にあった「ぬか床」から発見し、他の乳酸菌やブロッコリー、フコイダンよりはるかに高い免疫効果が測定されたという、新しい乳酸菌です。フリーズドライされた死菌状態で腸に届き、胃酸や温度の影響を受けず善玉菌の餌に。さらにグァー豆と酒粕を加え、腸内環境を最適なバランスへと整えます。普段の生活の中で弱りがちな「免疫力」を強化して、感染症の予防や肉体の老化予防に。

原材料：グァーガム酸素分解物、殺菌乳酸菌［デキストリン、乳酸菌（#11−1株）］酒粕発酵物、食用乳清Ca／お召し上がり方：1日1〜3包を目安に、水に溶かすかそのままお召し上がりください。牛乳、ヨーグルト、ジュースや温かい飲み物、お料理に混ぜても働きは変わりません。／添加物不使用

11−1をご購入の際はヒカルランドパークまで、お電話ください。インターネットによる販売はお受けできませんので、ご了承ください。

ウイルスフリーX（Virus Free X）

商品価格：3,960円（税込）／50mℓ空ボトル1本付きセット 4,500円（税込）／150mℓ空ボトル1本付きセット 4,550円（税込）

今や生活に欠かせなくなった除菌剤ですが、「ウイルスフリーX」はアルコールなどによる肌荒れとは無縁。赤ちゃんのおしり拭きにも使用される、経済産業省公表新型コロナウイルス有効原料（第四級アンモニウム塩含有製剤／塩化ジアルキルジメチルアンモニウム含む）を使用し、安全かつ効果的な除菌を叶えます。普段使いなら6倍希釈で十分。それでも5分後にはウイルスを98.4%不活化します。1リットルあたり700円程度のコスパの良さも特筆すべきポイントです。

内容量：1000ml／成分：2−フェノキシエタノール、塩化ジアルキルジメチルアンモニウム／生産国：日本／使用方法：加湿器・マスク用には水1000mlに本剤10ml、手洗い・携帯ミスト用（手指・食卓・壁やカーテン、空中の除菌・消臭）には水200mlに本剤30〜50ml、緊急を要する消毒・洗浄には水200mlに本剤100ml

ナチュラルウォーターファンデーション

商品価格：5,280円（税込）

ヒカルランド女性スタッフ陣が太鼓判を押す「ナチュラルウォーターファンデーション」は、軽やかな着け心地と伸びの良さ、カバー力、崩れにくさを実現した、理想の水ファンデーション。電子で心身を活性化するセラミック「FTW」で濾過した水をベースに、肌や婦人科系トラブルへの効能を持つ「イタドリ」「柿の実」「ヨモギ」から抽出した、100％植物由来エキスを加えて作りました。オイルや防腐剤などを使用せず、ファンデーション特有の酸化臭もしません。どんな肌色にもフィットし、重ね塗りしても快適に過ごせます。ファンデーションの上から人気商品「FTW フィオーラ」を転がせば、「FTW」の周波数が肌に広がりより美しい仕上がりに！

内容量：25ml／成分：水、プロパンジオール、酸化チタン、ソルビトール、カオリン、1，2ーヘキサンジオール、硫酸 Mg（アクリレーツ／アクリル酸エチルヘキシル）クロスポリマー、酸化鉄、カキ葉エキス、イタドリエキス、ヨモギエキス、エタノール、シリカ、ポリアクリル酸 Na、水酸化 Al

リセピュラ トリートメントエッセンス

商品価格：12,430円（税込）

予約は3か月待ち。「マッスルリセッティング」と名付けた独自の施術がメディアでも話題の黄烟輝（ファン・エンキ）先生が、たくさんの美容成分と生薬の配合を試行錯誤しながら、15年の歳月をかけて完成させたローション。お肌を美しく整え、施術を受けたように体を緩め、筋力や柔軟性の低下、痛みなどを和らげます。特筆すべきは「νG７（ニュージーセブン）量子水」をベースにしていること。螺旋・六角形というエネルギーを生み出す自然界の不思議なメカニズムを通して活水化された、酸化還元電位の低い水を用いたことで浸透力も高まり、マッサージの代わりにもなる類稀な化粧品となりました。

内容量：110ml／成分：水、グリセリン、加水分解ヒアルロン酸、シロキクラゲ多糖体、海水、水溶性プロテオグリカン、バチルス発酵物、カバアナタケエキス、他

リセピュラ トリートメントエッセンスをご購入の際はヒカルランドパークまで、お電話ください。インターネットによる販売はお受けできませんので、ご了承ください。

耳用ビューチャ

商品価格：6,000円（税込）

霊界との交流から氣功を学び、テラヘルツアーティストとして次々と波動グッズを手づくりで創作している、霊能者・氣功師の山寺雄二さん。テラヘルツ鉱石は遠赤外線を超える波長が体と共振し、自然治癒力や免疫を高める作用が知られていますが、同時に脳内の松果体を活性化し、直感力や霊性を高める働きもあります。そんな松果体にもっとも近い耳の中にアクセスできるのが「耳用ビューチャ」です。さらに羽根のように接続されているのは、大麻草の茎から作られた神聖な精麻。古来より続く伝統製法を守りながら職人が撚った希少な精麻は、浄化や祓いの力に大変優れています。集中力アップや電磁波対策、悪い氣からの解放、松果体活性化による未知の能力開発などにお役立てください。

サイズの一例：約11㎝／重量の一例：約2g×2個／使用例：耳・鼻などに入れる。調子の悪いところにあてる、精麻を撫でるなどご自身の感覚や発想でお使いください。

メビウスオルゴンリストバンド

商品価格：15,400円（税込）

ヒカルランドオリジナルのロングセラー商品「オルゴンリストバンド」が進化！ 腕に装着し、蓄積した静電気やマイナスエネルギーをアーシング（放出）しつつ、宇宙のオルゴンエネルギーで心身をニュートラルに導きます。進化版は「メビウスリン グ」を内蔵。金、銀、銅、錫などを組み合わせた イルを〝メビウスの輪〟の如く巻いた「無限の ルギーが得られるリング」で、享受できるエ ーもパワーアップしています。また、クリ ウダーを配合し除霊効果も付与！ 強い いるため、体調が悪い時や疲れた時に腕に装着するだけでなく、 くだけでも効果があります。バッグなどで携帯し、心身のコン えましょう。

サイズ：［本体］53×32×15㎜、［バンド］長さ260×幅15㎜ 材：［本体］ABS 樹脂、［バンド］ナイロン／仕様：空中 ス）、マイクロオルゴンボックス、メビウスリング

※一部部品を輸入しているため、在庫状況によりお届 合がございます。

だから、これから先生という職業は非常に厳しくなってきます。

先生は魂のレベルが上でないと教えられなくなります。

知能がすぐれているとか、教育学部を出ているだけの先生では教えられない。先生も、みろくの世になると思い知る必要があります。

みろくの世で子どもを教えられるのは、子どもに新しい生き方を教えられる人です。今までの生き方は誰もが十分教えてきたのですが、それでは足りなくなったので、新しい生き方を教える必要があります。

みんなが「はい」と言っているから、「はい」と言わないといけないとか、みんながこういう意見を言っているからそれに合わせていたかもしれませんが、これからは自分の思っていること、自分の感じていることを思いきって言うことが大事です。

みんなに認められる人間になりましょうとか、みんなを喜ばせる人間になりましょうとか、希望を与えられる人間になりましょうと教わってきました。

これは道徳の授業ともダブりますが、自分が何かをやろうという前に、何をやったら周囲が喜ぶか、家族が喜ぶか、親が認めてくれるか、社会が認めてくれるか、自分がよく見えるかということから入るのです。

これは人類の最大の悪い癖です。

これをつくり上げてきたのが今までの学校の教育でした。

今の地球の低次元の集合意識に「すごいね」と言われる人は、全然すごくありません。

今、地球の集合意識が「ドクタードルフィンはすごい」と言うでしょうか。

言える人は一部です。

ほとんどの人は「何者？」で終わっています。

最近、「ドクタードルフィンは何者？」とか、「〇〇の黒幕？」とか、いろいろ推測した動画がいっぱい出ていますが、あれは全部外れています。こういうふうに誰にも理解されない人間になってください。

どうか褒められない人間になってください。

わざと問題児になれということではなくて、自然にそうなるのです。あなたが先生たちを教えるのです。

自分が何かをやろうという前に、何をやったら周囲が喜ぶか、家族が喜ぶか、親が認めてくれるか、社会が認めてくれるか、自分がよく見えるかということから入るのです。

これは人類の最大の悪い癖です。

これをつくり上げてきたのが今までの学校の教育でした。

「みろく国語」で大事なことは、先生の言うことを聞かずに、自分の魂の言うことを聞くことです。

自分の魂の言うことを聞く子どもたち、生徒たちが先生を教える時代に入ります。

自分の名前を愛する

国語では、今まで漢字を習ってきました。

読み方も文章力も習ってきました。

今までは漢字が間違っていないとか、字がきれいだとか、読みやすいことが評価されてきました。

今はパソコンの時代になって、タイプするので、漢字を書かなくなりました。

でも、私は二つ言いたいことがあります。

日本は邪馬台国のエネルギーを引き継ぎ、非常に美しい。

日本は邪馬台国で、非常に美しい。

レムリア以来の縄文のエネルギーが世界で断トツに強い国で、漢字にもエネルギーが乗っています。

「あいうえお、かきくけこ」という仮名も美しい。

たまには自分で字を書いて、字体から感じるエネルギー、声に出して読んでみて音から感じるエネルギーを大切にしてください。

レムリア以来の縄文のエネルギーが世界で断トツに強い国で、漢字にもエネルギーが乗っています。

「あいうえお、かきくけこ」という仮名も美しい。

たまには自分で字を書いて、字体から感じるエネルギー、声に出して読んでみて音から感じるエネルギーを大切にしてください。

今まではそういうものを重視してこなかった。

漢字を見るだけの評価でしたが、そういったものを愉しむことは本当に心が喜びます。

自分の名前は、ただ単に偶然でついたわけではありません。父親、母親が一生懸命つけたとはいえ、宇宙の采配で、何年何月何日に地球のどこに、どういう親のもとに生まれて、どういう名前をつけられるか、大切な意味があって、全部シナリオがあります。自分の名前を愛することです。

私は、生まれたとき、あと1週間で死ぬよと言われたから、一番簡単な名前の「正」にされたとはいえ、それもシナリオだったのです。

１週間で死ぬと思ったのが、今50年以上生きているという奇跡をいただいているわけです。

それも含めて、自分の名前に対し、字に思いを込めて愛することです。

手紙は直球勝負で

今までは言葉や文面でないと、自分の気持ちは人に伝えられないと教わってきました。

国語で手紙の書き方を習いましたね。

「お暑い日が続きます。いかがお過ごしですか。最近、私は……」などと、どうでもいい文章がバーッとありますが、手紙で人の心を捉えるのはどこかの1行か2行です。

つまり、今までの文化では余計なことが大事にされてきましたが、これからは、あなたは何を伝えたいのかだけが重要になります。

「みろく国語」で大事なのは、この人に今、何を伝えたいのか。

例えば「あ」という気持ちなのか、「え」という気持ちなのか。

今までは「あいうえお、かきくけこ」を全部伝えてきて、何を伝えたいのかわからないところに、うまくまぜて伝えようとしていました。

「みろく国語」で大事なのは、この人に今、何を伝えたいのか。

例えば「あ」という気持ちなのか、「え」という気持ちなのか。

今までは「あいうえお、かきくけこ」を全部伝えてきて、何を伝えたいのかわからないところに、うまくまぜて伝えようとしていました。

恥ずかしいというのもあるし、相手にストレスをかけないということもありました。

今は「た」という字を伝えたいなら、「た」の気持ちをしっかりと伝える。

今までの手紙は余計な飾りが必要でしたが、本当に直球勝負で一つだけ伝えるのです。

「みろく国語」では、文字とか言葉にしなくても、相手の顔と名前を思い浮かべて、あなたの感情を置くだけで伝わる時代になってきます。

実際、高次元の星の社会では、そのようにコミュニケーションをとります。

相手の顔を思い浮かべると、相手の思いがまたこっちに向かうのです。

そこで意思疎通したら終わりです。

昔話は高次元の真実

「3次元国語」は人を愛することを大事に教えてきました。

自分を犠牲にすることを教えてきました。

「みろく国語」では、自分を愛すること、自分を大事にすることを教えます。

人を大事にするな、愛するなという意味ではありません。

そこだけに焦点を絞ることが大事です。

そこに焦点を絞ることで、相手に自分の愛が、思いが自然に伝わります。

「みろく国語」は魂の学習です。

脳とかハートで捉えられる文字とか、音とか、文面でなくて、本当の魂で、この物語には何が隠れているのだろうということで感想文を書いて発表するのです。

今までと全く違う感想文になります。

「3次元国語」は人を愛することを大事に教えてきました。

自分を犠牲にすることを教えてきました。

「みろく国語」は魂の学習です。

脳とかハートで捉えられる文字とか、音とか、文面でなくて、本当の魂で、この物語には何が隠れているのだろうということで感想文を書いて発表するのです。

「おじいさんは山に柴刈りに行き、おばあさんは川に洗濯に行きました。大きな桃がどんぶらこと流れてきて、桃太郎が生まれました。ああ、うれしい。おじいさんとおばあさんは桃太郎を育てました」という物語は、今までの「3次元国語」だと、「ああ、おばあさんはラッキーだった。おじいさんとおばあさんは正直に質素に生きていたから、こんな恵みが来たんだわ。すばらしいことね」ということでした。

実は、これは昔話になっているけれども、高次元の真実を宇宙が降ろしてきて、昔話にさせたものなのです。

今度、私は遠野で昔話のエネルギーを覚醒させますが、おじいさん、おばあさんが子どもを持つという物語が、おじいさん、おばあさんの幸せ、子どもの幸せ、周囲の学習になるということで、宇宙が仕込んでいるのです。

おじいさん、おばあさんが正直に暮らしていたからというだけでなく、もっと深い意味があります。

かぐや姫は、高次元のエネルギーを教えるために月から来た姫です。

生命というものはおなかから出てくるのではなくて、思いから、意識から生まれる。

かぐや姫は、高次元のエネルギーを教えるために月から来た姫です。

地球エネルギーを読むとただのサヨナラだけれども、宇宙レベルで言うと、かぐや姫は毎晩会いに来てくれるのです。

美しい話です。これが「みろく国語」のすばらしいところです。

別れることは寂しいことではない。

常に月があなたを照らしている。

かぐや姫があなたを照らしている。

そういう深いところまで読む必要があります。

地球エネルギーを読むとただのサヨナラだけれども、宇宙レベルで言うと、かぐや姫は毎晩会いに来てくれるのです。

美しい話です。これが「みろく国語」のすばらしいところです。

人類は宇宙人の遺伝子で進化した

30分たったから「みろく国語」を終わって、今から「みろく社会」に移ります。

キーンコーンカーンコーン、コンコン、松果体に鐘を鳴らします（笑）。

「みろく社会」のお時間です。

起立、礼。（拍手）

今まで人類の進化は、海でプランクトンが生まれて、どんどん進化してきて、魚になって、爬虫類になって、両生類になって、哺乳類になって、サルになって、チンパンジーになって、進化したと言われてきましたが、そうではありません。

全部、幻の話です。

今は、皆さんがだいぶわかってきました。

科学者たちも、そうでないと言っています。

いまだに進化論を言っている人もいますが、それはそういうお役割です。

また、恐竜時代に洪水になって、恐竜がパッといなくなってしまったとか、歴史上、いろいろ言われています。

まず、進化は徐々に起きるものではありません。

人類は、いろんな生活の能力が徐々に上がってきた、遺伝子もそうだと思っているでしょう。

ところどころの突然変異を起こしたのは、もちろん大宇宙の大もとの意志ではある

進化は徐々に起きるものではありません。

ところどころの突然変異を起こしたのは、もちろん大宇宙の大もとの意志ではあるのですが、ウィルスによるDNAの書き換え、宇宙のエネルギーの大もとの指令によって地球人が動く部分もあるけれども、自然環境の大変化によってリセットされて書き換えてきたのです。

のですが、その傘下にあるいろんな宇宙人たち、ウィルスによるＤＮＡの書き換え、宇宙のエネルギーの大もとの指令によって地球人が動く部分もあるけれども、宇宙の采配による自然環境の大変化によってリセットされて書き換えてきたのです。

もともと動物は、虫でも何でも、宇宙から来たものが多いのですが、そこに宇宙人の遺伝子、高次元生命体の遺伝子が入って、そういう操作がされているのです。

宇宙人の遺伝子が入ったことと、ウィルスによる操作は、同じ意味でもあります。直接入れる場合と、ウィルスを媒介して入れる場合があります。

歴史的には１３８億年前に宇宙が誕生して、46億年前に地球ができたという定説がありますが、これもそうではないのです。

時間というものは、本来、宇宙にはないので、この定説が数十年前にできたとしたら、そのころの集合意識を読んだときに、時間枠でそこがちょうどいいということになったわけです。

歴史は、私たち地球人にとって、時間が過去から今、未来に流れているように感じるけれども、実はそうではない。

歴史は、私たち地球人にとって、時間が過去から今、未来に流れているように感じるけれども、実はそうではない。

私たちが過去100年前、1000年前、1万年前にあったと教えられていることは、同時に存在しているのです。

「みろく社会」になると、時間を超えてくるので全く違うのです。

私たちが過去１００年前、１０００年前、１万年前にあったと教えられていることは、同時に存在しているのです。

「みろく社会」になると、時間を超えてくるので全く違うのです。

歴史は無限大にあるパラレルのシナリオの一つ

歴史上、坂本龍馬が暗殺されたとか、織田信長が殺されたとか、アメリカ大統領が射殺されたとか、戦争があったり、いろんな事件があった。

あれも実は、私たち地球人80億人の集合意識がずっと信じていること、一番信じていることが過去として存在するわけです。

例えば、80億の人間の3分の1ぐらいが違うことを急に信じたら、過去は変わるのです。

ということは、織田信長がずっと生きていた、殺されなかった世の中も同時に存在

歴史は固定されているものだと考えていますが、実は無限大にあるパラレルの可能性のシナリオの一つ一つを、どこかで組み合わせてきただけです。

そのときそのときの集合意識が一番信じたことを真実としてきました。

しているのです。

だから、そっちをとっていくと、今現在のつながりも変わってきます。

歴史は固定されているものだと考えていますが、実は無限大にあるパラレルの可能性のシナリオの一つ一つを、どこかで組み合わせてきただけです。

そのときそのときの集合意識が一番信じたことを真実としてきました。

私は、イエス・キリストが紀元前4年に生まれて、紀元28年に死んだということをエネルギーで読んでいますが、それもイエス・キリストが処刑されたということを信じているから、私は過去生に、処刑されたパラレル宇宙を持っています。

処刑されないでイエス・キリストが布教して世界を変えているというパラレル宇宙の過去もあります。

つまり、歴史は固定されていません。

これはものすごく面白い。「みろく社会」の面白いところは、私たちの今が変われば過去も変わること。

今が変われば未来が変わるのは当然です。

処刑されないでイエス・キリストが布教して世界を変えているというパラレル宇宙の過去もあります。

つまり、歴史は固定されていません。

これはものすごく面白い。「みろく社会」の面白いところは、私たちの今が変われば過去も変わること。

今が変われば未来が変わるのは当然です。

過去さえ変わります。

過去さえ変わります。

例えば、今、私たちが、織田信長が本能寺で死んでいないという社会を生きていたとしても、松果体のポータルでパラレル変換したとすると、全然不思議ではない。

本能寺の変などなく、織田信長は普通に生きていたというパラレル変換したとき、以前に本能寺で死んだという過去を持つパラレルを生きていたという記憶がないのです。

そこが大事です。

スピリチュアルを勉強している人間は、パラレルに移動したら焦ってしまうのではないか、自分が前に知っていた世界との違いに混乱してしまうのではないかと心配しますが、そういうことはありません。

歴史は非常に不確定なのです。

ただ、今、私たちが何年前、何百年前にこうだったというのは、今ここで私たちが生きている歴史としては、一番都合がいいのです。

今ここで自分を最も進化・成長させやすい過去の題材なのです。

歴史学者が本当の歴史を探すんだとか言うのは3次元的なことで、高次元で見るとすごくバカらしいことです。

どんなシナリオも、もともといっぱいあります。

歴史で大事なのは、時間というのは本当はないということです。

何億年前のカンブリア紀などというのも、現代において最も合理的な年代を出しているだけで、あれが絶対に正しいということではありません。

私が『ピラミッド封印解除・超覚醒』に書いたように、エジプトのピラミッドは紀元前4000〜5000年前につくられたと言われていますが、私がピラミッドのエネルギーを読んで、4万〜5万年前につくられたと思いきって書きました。

あんなに思いきり書いたのに、ピラミッド学者は誰も私を責めてきません。

飛び抜け過ぎているから責められないのです。真実とはそういうものです。

地球は何を望んでいるか

宇宙は最初から今まであって、誕生がいつというのは話す必要はないのですが、地球はどうしても時間の社会にいるから、時間の話をしないと皆さんに入らない。

そこにどうしても時間が出てきてしまうのですが、誕生した宇宙は、もともとは高次元の星だけでした。

だんだん低次元の星が出てきました。

地球は、むかし、低次元の星として設定されました。

もともとシリウスは、宇宙の中では飛び抜けて高くはないですが、どちらかというと優秀な、愛と調和のエネルギーが高いところでした。

そこから地球への使者が来て、レムリアができました。

もちろん、レムリアの前にもいくつかの文明はあったのですが、一番話しやすい、面白いのはその辺からで、レムリアの愛と調和がありました。

結局、地球で生きていく上で、「みろく社会」で何を一番知っていないといけないかというと、地球自体が何を望んでいるかということです。

私は2020年7月、屋久島に行って、地球のガイアのエネルギーの大もとである屋久杉のエネルギーを開きました。

ということは、地球のエネルギーは今まで衰えていたのです。

人間主体で来てしまって、植物、動物、微生物たちのエネルギーが粗末にされて衰えていたところを、屋久杉を目覚めさせたことで、屋久杉は地球の生命のボスだから、地球の全ての生命がワーッと復活・覚醒しました。

だから、今年（2020年）の日本は超高気圧で台風がやってきません。

私の偉業です。

台風も絶対にダメということではないので、そのうち、寄ってきて雨を降らせますが、今、日本列島は高気圧ですごいです。

地球生命が喜ぶのは愛と調和です。

個が独立して融合する。

勢力によって統制される統合の社会はダメなのです。

レムリアは愛と調和をずっとやってきて、レムリアからアトランティスになって、それが分離と破壊になってしまいました。

女性性から男性性になりました。

縄文でまた女性性を取り戻したのですが、近代になって、また男性性になりました。

歴史は、女性性、男性性を繰り返してきたのです。

みろくの世になると、いよいよ女性性のエネルギーに入って、地球の集大成になってきます。

地球は地軸の傾きがあるために春夏秋冬があって、経度緯度によって気候が変わるので、生えている植物たちも全然違います。

そこで生きている魚とか、サンゴとか、海藻とか、プランクトンとか、動物も全部違います。

この多様性は「みろく社会」においてもすごく大事なことで、どれがすぐれている、どれが劣っているということはありません。

人類も、最近黒人の問題がすごくクローズアップされていますが、これもお役割です。簡単に言えば、
人体には、すぐれているところがあります。

でも、何か一つの基準ですぐれていることを決めてしまっているからダメなのです。

地球を見るといろんな分布があって、いろんな人類がいて、いろんな生命がいて、それぞれが大事なのです。

「みろく社会」の歴史は、女性性、男性性を繰り返してきて、そのときの私たちの集合意識が時代をつくってきました。

だから、集合意識として、今までは男性が強くないといけない、女性は従わないといけない、そういう流れで来たので力ずくの社会になっています。

これからは優しさとか生命のエネルギーが大事になってきます。

10人のうち9人がつくる歴史、過去、これからの未来があるとしたら、その同じ歴史に乗る必要はありません。

１０人のうち９人がつくる歴史、過去、これからの未来があるとしたら、その同じ歴史に乗る必要はありません。

あなただけ別のパラレルの歴史に移動してもいいのです。そこが大事です。

ノストラダムスの1999年に世界が破滅するという予言とか、2012年のアセンションとかに乗ってパラレル移動してしまった人もいるわけです。

私たちは乗らないという選択をしました。

もし周りが全部乗ってしまったとしても、自分だけ乗らないという強さをつくる必要があります。

あなただけ別のパラレルの歴史に移動してもいいのです。そこが大事です。

ノストラダムスの１９９９年に世界が破滅するという予言とか、２０１２年のアセンションとかに乗ってパラレル移動してしまった人もいるわけです。

私たちは乗らないという選択をしました。

もし周りが全部乗ってしまったとしても、自分だけ乗らないという強さをつくる必要があります。

そのために、みろくスクールの私の教えで自分をつくるのです。

龍穴と鳳凰穴

「みろく社会」の地理です。

今はレムリア時代の地球とは全く違います。

大陸が分裂して、グーッと移動してきています。

私は、オーストラリアのエアーズロック（ウルル）が閉じていたので、２０１９年３月１日に行って、灼熱の中で開いてきました。

オーストラリアの法律により、聖地である、エアーズロック（ウルル）には登れなくなりました。

地球のヘソというのは、地球の生命、エネルギーの集結する場所です。

地球のヘソからライフラインがたくさん出ています。

ライフラインの一つは、鳳凰のエネルギー、火のエネルギー、卑弥呼とか天照大御神のエネルギーです。

地球のガイアのエネルギーが、いろんなところにつながっている、パワースポットのセドナもそうです。

屋久島もそうです。

地球のヘソとつながっているいろんなパワースポットがあります。

これは鳳凰のエネルギーです。

もう一つは、宇宙のエネルギー、叡智としての龍のエネルギーです。

龍のエネルギーの一番高いところは富士山です。

ピラミッドの最高峰です。

あそこに宇宙の叡智が入って、そこから龍穴が来ている。

「鳳凰穴」というのは私が初めて言うのですが、地球上の龍穴と鳳凰穴によって地殻変動が起きて、今の地球があるわけです。

火山はガイアのエネルギーです。

嵐を起こさせたりするのは宇宙のエネルギーです。

宇宙の叡智と地球の叡智が穏やかになっていると平和なのですが、何でこんなに地球気象が乱れるかというと、地球人類がまだ愛と調和の方向に向かっていなかったので、地球の叡智（ガイア）も宇宙の叡智も修正しようとします。

宇宙と地球のエネルギーが人類に学ばせようとして、地球の生命たちを変えようとしているのです。

違いを認める

地理に関して私が「みろく社会」で教えたいのは、熱帯地方に行けば熱帯地方の大事な生き方があります。

南極とか北極とか寒冷なところに行けば、エスキモーたちの生き方がある。

自然な生き方があるのです。

ただ、人間はどこの場所に行っても同じような生き方をするようになってしまいました。

「みろく社会」の学びとして、地球のいろんなところに行くといいですよ。

熱帯地方に行ったら熱帯地方のエネルギーを感じる。

そこに生きている生命たちを観察する。

そこでは虫たちも暑さの中で一生懸命生きている。

生命を育んでいる。

こんなおいしいフルーツを育んでくれて、生命をつないでくれる。

寒いところに行ったら、生命たちは少ないけれども、ここの氷河が水をためてくれるというガイアの役割があります。

一番大事なことは、違いを認めることです。

それぞれの違いとか個性を認識し合って、それぞれに敬意を払う。

今までの社会はそれができていませんでした。

「発展途上国」という言葉がよくない。

彼らは発展したくないのです。

発展すると、自分たちが今まで守っていたいいものがなくなってしまう。

縄文時代とか弥生時代に、白人たちとか大陸人がそういったものを奪ってきたのが侵略の歴史です。

文明が偉くて、文明がないところが劣っているという考え方を「社会」では教えてきました。

これが人間の心底にものすごくこびりついていて、今、政治・経済・生活を動かしているのです。

石油を持っている国は資源国です。

日本は資源はないけれども、森林もあるし、魚もあるし、一番は意識の力、精神の力がある。

形がないものを捉える力です。

それが江戸時代まであったのに、戦後、マッカーサーが来て、日本のよさを知っていたから潰したのです。

その日本のよさが出てしまうと、自分たちが世界を牛耳れない。

日本が、みろく社会で率先してやっていかないといけないことは、貧しいとか富んでいるということを見るのではなくて、地球で私たちが持っていない何かを持っているということに敬意を示す。

資源でも、人間性でも、文化でも、何でもいい。

敬意を示すとか、そういうことでやっていくことです。

日本が、みろく社会で率先してやっていかないといけないことは、貧しいとか富んでいるということを見るのではなくて、地球で私たちが持っていない何かを持っているということに敬意を示す。

資源でも、人間性でも、文化でも、何でもいい。

敬意を示すとか、そういうことでやっていくことです。

〇〇国はあれを持っている。

自分たちは持っていなくてもいいじゃないか。

全部持っていないといけないと思うから、争いが起こるわけです。

食べるものも、お漬物とご飯があれば本当は人間は生きていけるのです。

食べていなくても、進化すると生きていける。

食べないと生きられませんよ、学校に行かないと社会に入れてもらえませんよ、寝ないと次の日の力が出ませんよと今まで教えられてきましたが、全部正しくありません。

人間は何もしなくても生きていく力を持っています。

本来の生きていく力を、ないと知らしめてきたのが、今までの「3次元国語」であり、「3次元社会」です。

人間がいかに愚かで弱いものか、何かに頼らないと生きていけないものかというのを教えてきた科目です。

これからの「みろく社会」は、自分と違うものに敬意を払う。

これからの「みろく社会」は、自分と違うものに敬意を払う。

自分が持っているものを持っていない相手を低くみなしてはいけません。

自分が持っていないものを相手が持っていることに敬意を払うことが、愛と調和の社会では非常に重要なことです。

自分が持っているものを持っていない相手を低くみなしてはいけません。

自分が持っていないものを相手が持っていることに敬意を払うことが、愛と調和の社会では非常に重要なことです。

みろくスクールは一瞬で勝負する

1時間たってしまいました。

皆さんは1時間は短いと思っていませんか。

最後に、私はみろくスクールの校長として大事なことを伝えます。

今までの学校は、朝、早起きして、「早く起きなさい。遅刻しちゃうわよ。朝ご飯、食べなさい。トイレ、行ったの」と焦らされて、朝から行きたくもない学校に行って、1時間目から6時間目まで、お昼はおなかが減ってくるし、すぐ試験をするし、つまらない。そういう時間をたっぷり過ごしていました。

3次元学校は、時間が長ければ長いほど学ぶものがあるという考えでした。
でも、私のみろくスクールは、時間が短いほど学びがある。
なぜかわかりますか。私が教える必要は一つもないのです。

でも、身になっているでしょうか。

3次元学校は、時間が長ければ長いほど学ぶものがあるという考えでした。

でも、私のみろくスクールは、時間が短いほど学びがある。

なぜかわかりますか。私が教える必要は一つもないからです。

あなたはすべての必要なものを既に宇宙の大もとに持っているくせに、自分は何も知らないという幻に躍らされて、私から教えを受けるためにここに来ているのです。

何とかわいそうな人たちでしょう。

本当は、私のお仕事は何もないのです。

あなたが持っていることに気づかせて、そことつなげるためにお伝えしているだけです。

松果体のポータルが開いたら、一瞬で全部入ります。

みなさんが一番宇宙とつながるのは、トイレに行って小をする瞬間です。

または、風呂に入って、最初に気持ち良く、リラックスする瞬間です。

0・3秒ぐらいで情報がブワーッと入りますから、1時間もあったら、あり過ぎで

本当は、私のお仕事は何もないのです。

あなたが持っていることに気づかせて、そことつなげるためにお伝えしているだけです。

松果体のポータルが開いたら、一瞬で全部入ります。

す。

地球では言葉とか文字にしないといけないので、話したり本にしたりしますが、本当は何も必要ないのです。

ベッドの中で、ぬいぐるみを抱っこしながら私を思い浮かべてください。

そうしたら、一瞬で入ります。

時間ではありません。

一瞬が勝負です。

一瞬で変われます。

だから、あえて時間を長くしません。

時間を長くするとお尻が痛くなります。

トイレも行きたくなるし、おなかがすく人もいます。

私のスクールの受講料はちょっと高いかもしれません。

うわさによると、「オンライン1時間でこんな値段？　じゃ、札幌に行ったほうが2時間でもっと安い」と考えちゃうみたいね。

私のイベントはいっぱい立て込んでいるから、皆さん、すぐ比べます。「ほかの講演会のほうがわかる」とか、「みろくって何かわからない。札幌のほうがわかる」とか言うのですが、あなたがわかるものなんか大したことありません。

あなたが脳で理解できるものなんか学んでも、何にも役立たない。

あなたが何もわからないことに、全て可能性があるのです。

あなたが全くわからないことをやってほしい。

それがみろくスクール校長、ドクタードルフィンからの今回の教えです。

あなたはみろくスクールに来て正解だったのです。

すばらしい人たちです。

あなたたちがこれから宇宙のリーダーになります。

宇宙の戦士たちも、あなたたちにほほ笑んでくれる。

ぜひ次回も出て、友達をいっぱい連れてきてください。

あなたの友達は人間とは限りません。

宇宙と地球には生命がたくさんいるからね。

あなたがわかるものなんか大したことありません。
あなたが脳で理解できるものなんか学んでも、何にも役立たない。
あなたが何もわからないことに、全て可能性があるのです。
あなたが全くわからないことをやってほしい。
それがみろくスクール校長、ドクタードルフィンからの今回の教えです。

私は、石のことに相当詳しい。

私は詳しいものがたくさんあります。

人間にも詳しいけれども、人間にはちょっと疲れてしまっているから、宇宙人のほうが詳しい。

今度、『宇宙人になる方法』という本を出します。

植物も、石も、昆虫も、ぬいぐるみも大好きです。

きょうは、アラゴナイトというハート型のパワーストーンを、オンラインと会場の方に一つずつ差し上げます。

きょうの2時間目の授業はどうだったかい？

みろくスクール・スチューデント、あなたに栄光を捧げる。おめでとう！（拍手）

みろくスクール

第3回授業

みろく算数・みろく理科

2020年10月17日

時間は短いほうが、魂が変化する

松久　みろくスクールの歌、「みろくスクール、みろくスクール、ドルフィン校長やってくる。みろくスクール、みろくスクール、ワイワイ、ワイワイ、世直しだ。イエーイ」（拍手）

やってまいりました。

みろくスクールのお時間。

きょう初めて会う人？

生徒　はい。

松久　沖縄の人たちは？

生徒　こちら3名です。

松久　ヤッター！　僕は新生琉球を開いてあるから、沖縄、最高！

北海道はどちら？

生徒　室蘭です。

松久　ムロラーン、という感じですね。いいですね。

あなたが中国の方？

生徒　そうです。

松久　きょう来ていただいてよかった。

私に会いたい、中国でみろくの世をやりたいというので、お会いするのを楽しみにしていたんです。

みろくスクール校長のドクタードルフィン、松久正です。こんにちは。（拍手）

1時間という限られたお時間ですので、きょうもしっかりと授業をしてまいりたいと思います。

1回目は総論、2回目はみろく国語とみろく社会をやりました。

今までにない新しい次元、世直しのための教科の学習です。

きょうは、みろく算数とみろく理科。

新しい算数と新しい理科を通して、新しい人間のあり方、生き方を学んでいただきます。

1時間しかやらないのは、時間が短いほうが魂は深く学ぶからです。

地球では、時間を使えば使うほどエネルギーが落ちます。

短い間に一気に凝縮して学ぶと、あなたの魂は相当濃く変化することができます。

しかしながら、皆さんは1時間を最低3時間ぐらいには感じるでしょう。

ひょっとしたら永久です。

そのまま消えてしまうかもしれない。

消えてしまったら、また会う日まで、サヨウナラ。

オンラインの皆さん、ドクタードルフィンです。

申し遅れました。ごめんなさい。無視しているわけじゃないのよ。

あなたの熱い炎をいつも体で感じていました。

あそこにみろくスクールの理事長もいます。（ヒカルランド社長）

理事長は怖いですよ。

悪い生徒は親を呼びつけます。
あそこにヘンタイ講師もいます。（ヒカルランドコーディネーター）
生活指導の先生です。
聞いている態度が悪いとつまみ出されるからね。

0は10より大きい

松久　まず、みろく算数のお時間です。
キーンコーンカーンコーン。
オンラインの皆様、きょうも熱く学習してもらいますよ。
後で、オンラインの人にも、リアル参加の人にも、素敵なプレゼントをします。
オンラインの人も、ここにいるのと同じだからね。
（投げキッスを）チュッ。感じたでしょう。

何でも熱き投げキッスから始まるのです。

私は、人生の始まりと終わりは投げキッスです。

みろく算数とは何か。

学びというのは、複雑なものほど重要だとか、難しいものほど学ばないといけないと思うでしょうが、本当は逆なのです。

単純な要素の中に、宇宙で学ぶべき真理が入っています。

そういった観点から算数をやっていきましょう。

0から10までの数字を言ってごらんなさい。

生徒 0、1、2、3、4、5、6、7、8、9、10。

松久 よく言えました。(拍手)

(ホワイトボードに板書)

松久 では、0から10まで、どっちが大きいほうですか。はい、あなた。

生徒 10。

松久 はい、あなたは?――今、とまりましたね。

とにかくみろくの地球では反応することが大事ですよ。

ストップしたのは脳を使ったという証拠なのね。

魂はノンストップ状態よ。

常に何か聞かれたら発信する。

間違っていてもいい。

「どっちが大きいの？」「私のおなか」とか言ってもいい（笑）。

世の中は自由なのです。

今までの3次元の地球のスクールでは、10が大きいとされてきました。

では、みろくスクールではどうなるか。逆です。0のほうが大きい。ここが大事なんですよ。

例えば5と6では、みろくスクールでは5のほうが大きいのです。

私が開いてきた新しい世直しの世界、世直しの地球で、これから新しい子どもたちが学ぶべきものの一つは、まずこれです。

では、何で5のほうが6より大きいか。

今までの3次元の地球のスクールでは、10が大きいとされてきました。

では、みろくスクールではどうなるか。逆です。0のほうが大きい。ここが大事なんですよ。

例えば5と6では、みろくスクールでは5のほうが大きいのです。

人間の数を考えましょう。

昼間、その辺のカフェに入ってごらんなさい。

いわゆる「ママさん」という人たちが、いかにも自分たちの世界をつくって、楽しそうにお話ししているけれども、聞くと全然大したことのないお話です。

聞かないほうがよかったというエネルギーが下がるお話ばかりです。

一応謙遜はして、相手を立てるのだけれども、自分は一番だというのを隠している。

だから、猫かぶりの会話を聞いていても、周りにいいエネルギーが出ないし、本人たちも成長しない。

みろくスクールは、宇宙的な本質を教えます。

今まで地球が進化・成長してこなかったのは、本質でないものを教えられていたからです。

これは、教育の概念で見ると、出来の悪い地球人、低エネルギーで誰かに頼らないとダメな地球人、奴隷化した地球人をつくるための世界でもあったので、６が５より大きいという世界は、ある意味、成功してきたのです。

でも、そこのカフェで話しているママさんたちは、6人より5人のほうがエネルギーが高くなります。

5人より4人、4人より3人、3人より2人、2人より1人。

1人が、エネルギーが一番高いのです。

みろくの世から見ると、人間は大したことありません。

宇宙生命の中で見ると、人間のエネルギーは低いのです。

本当にバカなことでもがいている。

私は、一昨日と昨日でフェイスブックを5発打ちました。

きのう、また母親から「余計なことを言うんじゃありません。やめてください」と怒られました。

母親はそんなもので、いつも心配しています。

前のメディア騒ぎ（週刊文春）のときは、「こんな息子を育てた覚えはない」とまで言われています。

私も大変な思いをしているのです。

それでも、私は発信をやめてはダメなのです。

母親をどんなに悲しませても、やらざるを得ない使命なのです。

宇宙的には、生命は本来一人です。

私がいつも言うように、自分宇宙というのがあって、自分の時空間には自分のエネルギーがあるだけです。植物たりとも、昆虫たりとも、動物たりとも、人間たりとも、ほかには存在できません。

いつも誰かいるよというのは、その人の宇宙が重なっているだけです。

そうすると、一人のときがエネルギーが一番高いわけです。

本来、自分の魂はエネルギーがきれいな渦を巻いているわけですが、ほかのエネルギーが入ると絶対に乱れます。

誰かといると、脳は楽しいとか、うれしいとか、安心とか感じますが、大もとの魂が乱れてしまいます。

みろくスクールでは、皆さんの脳が喜ぶこと、脳が成長することは教えません。

あなたの魂の意識が進化・成長すること、無条件の幸福（スーパーハピネス）とい

宇宙的には、生命は本来一人です。

私がいつも言うように、自分宇宙というのがあって、自分の時空間には自分のエネルギーがあるだけです。

植物たりとも、昆虫たりとも、動物たりとも、人間たりとも、ほかには存在できません。

いつも誰かいるよというのは、その人の宇宙が重なっているだけです。

って、あなたが存在するだけで何も要らない、それだけで最高の幸福であるという感覚を学びます。

皆さんはもともとそうなのですが、気づいていない。

それに気づくため、取り戻すために私はみろくスクールをやっているのです。

今まで、数字は多ければいいという概念でした。

今、世の中を見てごらんなさい。

世に洗脳されて、マスクをしているマスク・ゾンビたち。

ショッピングモールに行くと、私は食べられそうです。

食いついてくると困るから、怖い、怖いと、いつもお尻を隠しているのです。

口が隠れていて表情がわからない。

何を考えているかわからないから、よけい怖いね。

ひょっとしたら口裂け女かもしれない。

要するに、世の中の外圧で生きているのは烏合《うごう》の衆《しゅう》で、自分を生きていないのです。

世間の集合意識、こうあるべき、こうなるべきという意識を生きているわけです。

本来、こうありたい、スッポンポンで飛び出していたいとか、自由な魂の望みは常にあるのですが、それをいつも隠しています。

人数がふえるほど、あなたが所有するもの、あなたが大事にするものがふえればふえるほど、あなたはシンプルでなくなります。

あなたが必要なものと、あなたが欲しいものは違います。

あなたが持っていてハッピーなもの、すごくときめくものは持っていていいけれども、これがないとダメ、必要と言った途端に、エネルギーがぐっと落ちます。

あなたが欲しいものと必要なものは全く別です。

必要なものがふえればふえるほど、エネルギーが落ちます。

5が6より大きいということと同じです。

つまり、あなたは一人でいることがすごく重要です。

もう一つは、私の望みはこれも、これも、これも……と、10個ぐらい持っている人がいっぱいいるでしょう。

それはすごく実現しにくい。

あなたが必要なものと、あなたが欲しいものは違います。

あなたが持っていてハッピーなもの、すごくときめくものは持っていていいけれども、これがないとダメ、必要と言った途端に、エネルギーがぐっと落ちます。

あなたが欲しいものと必要なものは
全く別です。
必要なものがふえればふえるほど、
エネルギーが落ちます。
5が6より大きいということと同じで
す。
つまり、あなたは一人でいることが
すごく重要です。

これからのみろくの世では、10個持って、どれか成功すればいいのではなくて、大もとだけ1個持っていて、それだけはどんな状況でも、あした死ぬかもしれない、今死ぬかもしれないという状況でも、常に持ち続ける。

そこへ行く道はどれでもいいのです。

今までは、その行く道を決められていた。

この道しかダメよとか、寄り道したらダメよ、遠回りしたらダメよと言われてきたから、常にゴールが揺らいでいました。

みろくの世はゴールだけを持っていて、あとはどんな道でもいいのです。

自分が一番なりたいもの、自分がこうありたいものは、一つです。

あとはそれに付随するもので、いろんなコースの中で楽しみとかできてくるから、数はどんどん減らしていくことです。

0＝∞（無限大）

松久　では、0から10までの数字で、力が一番あるのはどれ？　はい、あなた。

リアル参加者　0。（拍手）

松久　最優秀賞をあげちゃおうかな。彼は、あらゆる私の勉強会に出て、沖縄の西表島の砂浜では水牛をやって、ウーウーと吠えている（演技）し、この前も四国でいろいろ出番があった。

いろいろ修羅場をくぐってきているからね。

最初は存在感がほとんどなかった。

学級にいても、「あなた、いたの。何のためにいるの」というぐらいだったのが、今は彼なしでは寂しくなってきた。

存在感がすごいでしょう。（拍手）

みろく算数で大事なことは、プラスがあったら、マイナスが同時に存在する。
今までの算数は、プラスがあったらマイナスはないとしてきました。
マイナスがあったらプラスはないとしてきた。
本当は同時に存在しています。
目に見えないだけです。

皆さん、彼を見習うところがあるよ。

0が一番すごい。

0＝∞（無限大）なのです。

0は何もないと教えられてきたのが、今までの地球の3次元スクールです。

みろくスクールは、0となった時点で無限大になります。0・1、0・01もダメ。

とくに1、2、3……のように、モノという概念が存在すると、エネルギーは一気に下がります。

世の中の粒子、エネルギーには、常にポジティブとネガティブがあります。

ポジティブの世界も無限大にあるし、ネガティブの世界も無限大にある。

みろく算数で大事なことは、プラスがあったら、マイナスが同時に存在する。

今までの算数は、プラスがあったらマイナスはないとしてきました。

マイナスがあったらプラスはないとしてきた。

本当は同時に存在しています。

目に見えないだけです。

みろくスクールの生徒さん、ここのトリックを見ておくんですよ。
無限大がダブルになると、88じゃないですか。（拍手）
ダブル無限大は88なのです。
だから、私はダブル無限大なのです。
プラスも無限大に持っているし、マイナスも無限大に持っている。

みろくスクールの生徒さん、ここのトリックを見ておくんですよ。
無限大がダブルになると、88じゃないですか。（拍手）
ダブル無限大は88なのです。
だから、私はダブル無限大なのです。
プラスも無限大に持っているし、マイナスも無限大に持っている。

5は、5のままで居続ける

松久　次のお勉強です。
1＋1は幾つですか。はい、あなた。
生徒　2。
松久　ブー。あなたは、地球の学校だったら最優秀賞よ。
でもここは、みろくスクールだからね。

答えを言いましょう。0です。

では、1＋2は？

もし答えられる人がいたら飛び級させちゃうわよ。

答えはマイナス1です。

じゃ、もう一つ、いこう。2＋5は幾つ？

リアル参加者（中国の人）　マイナス3。

松久　やった！　立って。拍手！（拍手）

中国人はやっぱり算数ができるね。

日本人、ダメだな。黙っているな。

マイナス3です。これがみろくスクールの原理です。

私が何を学ばせているかということが大事です。

つまり、余計なものを取り入れたら、エネルギーが下がるということを言いたいのです。

もしあなたが1というエネルギーなら、そこに1を寄せたら、あなたでなくなります。

あなたが1だったら、2のものをあなたにつけ加えようと思うと、マイナス1になります。

あなたが2なら、5を加えたらマイナス3になる。

あなたが、1から10の中のどれかのエネルギーだとします。

その数字は良し悪しでなくて、あなたの個性なのです。

あなたが1だとすると、これから何かを目指すとき、これに+、−、×、÷で何かが入ったとしても、1で居続けることが大事です。

これがみろくスクールの教えるところです。

これは非常に深いことで、誰も教えていないから、私が教えないといけなくなってきました。

皆さんは、算数の原理で自分の人生を考えています。

例えば、数字が多いほうがいいと思っているから、自分が1だったら、3だったら、5になりたい、7になりたい、9になりたいと考えてしまいます。

そっちのほうがすばらしいと教えられてきたからです。

そうではなくて、どんなものがあなたに影響しようと、あなたは1で居続ける。

地球で、あなたがどんな状況でも、ある程度の期間、1で居続けたら、1の無限大（∞）乗になります。答えは1です。

例えば5の2乗だったら25、3乗だったら125というふうにふえていくので、2の∞乗は無限大になると思うかもしれませんが、みろくスクールでは、答えは2です。

つまり、あなた自身という数字をどれだけいじろうとも、あなたは常にその数字であり続けることが、宇宙的に最もエネルギーの高いことなのです。

今の地球は、すぐ足したり、引いたり、掛けたり、割ったり、累乗して、あなたの数字を変えようとしている。

あなたに足したり、引いたり、掛けたり、割ったりするいろいろな影響が、必ず周りから襲いかかってきます。

本当は襲いかかってきているのではなくて、あなたがつくり出しているのですが、あなたはそのように感じてきてしまった。

今後もそう感じるでしょう。

でも、そういったものになっても、あなたは変わらない。

例えばあなたが5という数字だとすると、5という数字では不十分だと思って、500になろうとする。5億になろうとするわけです。

そうなった途端に、あなたの脳は一瞬、喜ぶけれども、次の瞬間、魂は奈落の底に落ちます。

魂は、本来はあなたに5のままで居続けることを知ってほしいのです。

それを体裁だけの、集合意識がよしとする世界はむやみやたらにあなたを変えようとするから、奈落の底に落ちて、スーパーハピネス（無条件の幸福）は永久に来ない。

無条件の幸福とは、5は5であり続けることで、その人だけがつかめる境地です。

よろしいですか。（拍手）

オンラインの人も、ついてきていますか。

みろく算数、とても簡単だったでしょう。

皆さん、算数の授業に結構苦労したでしょう。

例えばあなたが5という数字だとすると、5という数字では不十分だと思って、500になろうとする。5億になろうとするわけです。

そうなった途端に、あなたの脳は一瞬、喜ぶけれども、次の瞬間、魂は奈落の底に落ちます。

魂は、本来はあなたに5のままで居続けることを知ってほしいのです。

私もそうだけれども、大学受験の数学とか、あんな難しいことを勉強しても人生に役立っていないもん。

アレレ、何のために勉強したのかなと思っているでしょう。

私も思っています。

私は大学受験のとき駿台予備校で、数学は全国で1桁の順位でした。

偏差値90ぐらいまでいったからね。

そんなことをやっていたのですが、今のみろく算数のほうがずっと面白いし、役立ちます。

これから美術とか、体育とか、算数の第2弾も続けてやらないといけないですね。

みろく体育では、開脚が入ります。

開脚力が大事です。

自分の恥ずかしいところを開いて、みんなに見せる力。

皆さん、すぐ隠してしまう。

隠しているものを出せというのがみろくです。

休み時間に魂をほぐす

松久　直樹ちゃん（ヒカルランドのディレクター）、次の時間までの休み時間に一発芸をしなさい。皆さんの魂をほぐしてください。

（直樹さん、踊る）（拍手）


松久　みろくスクールでは、休み時間に生徒をほぐすことが大事なの。みんな固まってしまうから。

みろくスクールは楽しくないとね。

今、学校は楽しくないでしょう。

私も学校は行きたくなかったから、今もそうだと思う。

学校に行きたくなるのがみろくスクールです。

みろく理科では、時間も空間も存在しない

松久　今度は理科のお時間です。

キーンコーンカーンコーン。（拍手）

あなたは人間です。

あなたの正体はなあに？　脳みそ？　心臓？　答えられる人。

私はこれを本で何回も書いているし、動画で何回も言っているのに、入っていないのね。

地球人はそんなものよ。

だから、リピートすることが必要なんです。

私はいろんなところで１００回以上言っているからね。

人間の正体、宇宙生命の正体は何かとも言い換えられる。

一言しかない。

哲学博士とか、宇宙科学者とか、生命科学者たちがごちゃごちゃ言うけれども、それは全部大したことではない。

うわべだけのことです。

本質を言えるのは私だけです。

あなたたち人間を含んだ宇宙生命、生きているあなたは、右に回転し続ける螺旋《らせん》振動の波です。

この波は、あるとき、あるところで生じるものとも言えるし、今ここで生じたとも言える。

みろく理科で一番大事なことは、時間は存在しないということ。時間が存在すると植えつけられた低い概念の中でやっていたのが、今までの地球スクールの理科でした。

この波はクルクル回ってどこへ行くのか、どれぐらい進むのかという空間も存在しません。

あなたたち人間を含んだ宇宙生命、生きているあなたは、右に回転し続ける螺旋《らせん》振動の波です。

この波は、あるとき、あるところで生じるものとも言えるし、今ここで生じたとも言える。

みろく理科で一番大事なことは、時間は存在しないということ。時間が存在すると植えつけられた低い概念の中でやっていたのが、今までの地球スクールの理科でした。

難しいね。でも、本当は簡単なのです。

今まで、時間と空間があるのが当たり前という世界で生きてきました。

だから、突然、時間も空間もないですよと言われると、慌てふためいて、ついてこれなくなる。

では、時間も空間もないというのはどういうことか。

時間とは、過去──→今──→未来と流れているという世界をずっと教わってきました。

でも、みろくスクールの視点でいうと、あなたは今ここだけにしか存在していないのです。

過去の世界は、脳の思い出、記憶にあります。

認知症の記憶障害になったら過去の記憶は消えます。

そうすると、未来の不安も消えます。

周りの人は、この人、いい思い出が消えちゃってかわいそう。

親子の思い出もない。

過去に旅行に行った思い出もなくしちゃった。

時間も空間もないというのはどういうことか。

時間とは、過去──→今──→未来と流れているという世界をずっと教わってきました。でも、みろくスクールの視点でいうと、あなたは今ここだけにしか存在していないのです。

過去の世界は、脳の思い出、記憶にあります。

未来に旅行しようねと言っていたのに、そんな楽しみもないと思いますが、悲しむのは周りだけで、本人は超ハッピーです。

本人が望んでいたことなのです。

つまり、過去も未来も忘れたいというのは魂の意識の本当の姿です。

これはすごく大事なことですから、覚えておいてください。

ああいう状態の人が、宇宙的な生命の本質の姿に近いのです。

過去もないし、未来もない。

今だけしか生きていない。

今、本当においしいケーキを食べたら、死ぬほどうれしい顔をするでしょう。

これを食べたら太っちゃうんじゃないかなとも思わないし、過去に食べたまずいケーキを思い出して、これもまずいかなと心配することもない。

今ここで感じるだけです。

ああいう状態が、振動数は一番上がるのです。

空間についても、世界一周旅行をしたい、地球の裏側に行きたい、もしくは宇宙旅行に行きたいとなる。

でも、行けないということでフラストレーションが生じる。

行けない自分を悲しむわけです。

でも、あなたが実際にその場所に行ってしまったら、ああ、こんなものかとなる。

行く瞬間、行くまでが最高潮で、行ってしまったら、あしたからの仕事のことを考えたり、帰りのことを考えたりしている。

つまり、その場所に行くということはそんなに大事ではないのです。

よく、その場の空気を味わうのが大事とか、やっぱり来なきゃダメよねとか言っていますが、脳がそう感じているだけで、魂的には、あなたがどこどこの場所を思い浮かべるだけで、本当はあなたはその場のエネルギーを味わうことができるわけです。

それには、あなたが時間もない、空間もない、今ここだけで生きていることが重要です。

今までの生きるスタイルのままでは、私の言うことは実現できません。

螺旋《らせん》振動の回転数を上げて、スーパーハピネスに

私が宇宙の本当のことを皆さんにお伝えしても、どうして私についてこれないかというと、今までの地球の3次元的な低次元の生き方を続けたまま、私の生き方をやろうとするから、無理に決まっているのです。

絶対に無理です。

要するに、螺旋《らせん》振動の回転数をふやすことが大事です。

直樹ちゃん（ヒカルランドディレクター）、今、私が頑張って書いているんだから、フレーフレーと応援して。

直樹ちゃんは四国のリトリートに行ったの。

それまでは「阪本さん」と呼んでいたけれども、5日間、私と昼夜をともにしたら、「直樹ちゃん」になっちゃった。

それぐらいかわいがられる。

過去も未来もなくなって、空間もなくなって、今ここを生きている。

直樹ちゃんも回転数が上がってきた。

だいぶ危ない。普通の仕事ができなくなってきた。

でも、大丈夫です。

今までは、我慢してやっているのが仕事だったけれども、みろくの世は、やりたいことをわがままにやることが仕事になっちゃう。

直樹ちゃんもそういう状態に入ってきたのです。

振動数が高ければ、重力が下がります。そして、時間と空間の制限が減ります。これが大事です。

皆さんは細胞でできています。

素粒子、原子、分子、細胞、全部震えです。

一体としても震えです。

どれぐらいの振動を持っているかというのは、個人に固有の振動数があります。

皆さんが波動を上げると、皆さんに働く重力は減ります。

重力は、１キログラムに９・８ニュートン働きます。

地球がぐっと引き寄せるのです。

地球が、ラブラブよ、私と一緒に仲よくしましょうと引き寄せる力です。

でも、振動数が高くなると、宇宙からラブラブになり、宇宙のほうに引き寄せられるようになる。

つまり、宇宙は高振動波だから、自分が高振動波になれば宇宙と共鳴して、宇宙のほうにエネルギーが向かうようになり、地球から離れます。

地球から離れるエネルギーが高くなるから、宇宙の叡智とつながる。高次元とつながる。

松果体を活性化させる、覚醒させる。

地球と離れるエネルギー、反重力のエネルギーが生まれるのは、振動数を上げるときです。

振動数を上げるにはどうしたらいいか。今ここを生きることです。

振動数を上げるにはどうしたらいいか。今ここを生きることです。
過去も捨てる。未来も捨てる。
赤ん坊を見てください。
過去の心配がある？　未来の不安がある？
ありません。
また、認知症になった高齢者も同じ状態です。
なりたいから、なっているのです。

過去も捨てる。未来も捨てる。

赤ん坊を見てください。

過去の心配がある？　未来の不安がある？

ありません。

また、認知症になった高齢者も同じ状態です。

なりたいから、なっているのです。

あと、空間も捨てる。

今、オンラインの仕事がふえてきました。あれもみろくの世になって、動かなくても全てがかなうようになってくるわけです。

インターネットを飛び越えるのは意識の力です。

インターネットが世界を凌駕すると思っているけれども、実は大間違いで、インターネットごときでは人類には勝てない。

人類は意識の力で最終的にどこにでも飛べるようになります。

意識を操るだけで、空間をどこにでも飛べる。

時間も過去、未来に飛べるようになります。

意識を操るというのはどういうことかというと、振動数を上げることです。皆さんが振動数を上げて、時間と空間の影響を受けなくなると、宇宙に引き寄せられていきます。

もちろん、今ここを生きていることで地球とはつながったままです。

だから、両方のバランスがとれて、最高の状態で宇宙とどんどんつき合っていく。

そうすると、無条件の幸福（スーパーハピネス）、あなたが存在するだけ、何もなくてもいいという状態に入っていきます。

不安、恐怖はあってもいい。

不満はあってもいい。怒りはあってもいい。

愛情なんて何ももらわなくていいという状態になります。

宇宙的進化度は、人間より石のほうが高い

地球上の生命として、石、植物、虫、動物、人間を取り上げます。

石には、山や川、海も入ります。

彼らは意識を持っています。

もちろん、そのほかにもプランクトン、ウィルス、微生物、寄生虫、いろんな生命がいます。

今まで地球スクールでは、人間が地球上で最も進化した霊性動物と言われてきました。

その次は動物、虫、植物、石という順番でした。

何で人間が一番進化しているかというと、手足を自由に使える。

脳で思考ができる。

喜怒哀楽を一番持てる。

自分で工夫ができる。

モノをつくることができる。

地球社会では人間が一番偉いと教えられてきたので、あなたたちはうぬぼれてきたのです。

このうぬぼれが人間をダメにしてきたということを、みろくスクールでは知ってほしいのです。

みろくスクールは、シンプルなことだけれども、ショッキングなことを教えます。

誰も教えられない。

学校の先生も全然知らないことです。

今まで地球で、人間が万物の霊長と言われてきたのは、脳が発達したからです。

生きるのに便利になった。

他人に迷惑をかけてでも、ほかの動物、虫、植物、石に迷惑をかけてでも、自分たちが便利に生きるという便利度は、もちろん人間が一番高い。

地球社会では人間が一番偉いと教えられてきたので、あなたたちはうぬぼれてきたのです。

このうぬぼれが人間をダメにしてきたということを、みろくスクールでは知ってほしいのです。

でも、みろくスクールで教える宇宙的視点の進化度は、石が一番高いのです。

これからの新しい世直しのみろくの世では、逆転現象が起きます。

進化度として捉えると、石が一番高くて、その次は植物、虫、動物、人間という順です。

つまり、便利度と進化度は反比例するという法則があります。

これがみろく理科としてすごく大事な教えです。

便利になればなるほど、進化度は落ちるということです。

進化度は、適応力とも言えます。

環境が変わったときに適応する力です。

石を見てごらんなさい。

暑かろうが寒かろうが、乾燥していようが潤っていようが、嵐だろうが、川に流されようが、海に放り投げられようが、ずっと同じ形で生きています。

適応度が一番高くて、しかも、同じ状態でいます。

きょう、みろく算数で習ったでしょう。

みろくスクールで教える宇宙的視点の進化度は、石が一番高いのです。

これからの新しい世直しのみろくの世では、逆転現象が起きます。

進化度として捉えると、石が一番高くて、その次は植物、虫、動物、人間という順です。

つまり、便利度と進化度は反比例するという法則があります。

これがみろく理科としてすごく大事な教えです。

同じ状態でいる能力が高い。

次に、植物です。

植物は同じところにしかいられない。

雑草なんかとくにそうです。

強い、弱いはあるけれども、踏みつぶされても、雨風に打たれても、咲き続けようとする。

毎年、花を咲かせる。

人間は調子が悪いと花を咲かせられない。

すぐ枯れてしまう。

虫も、どんな環境でも毎年、生き続ける。

動物も、数は減ってきても、何日食べられなくても、環境が悪くなろうとも、生き続ける能力がある。

人間にはありません。

進化とは振動数を上げることだと言いました。

生命には固有振動数というのがあって、人間には人間の振動数の幅があります。

0ヘルツから無限大ヘルツまで螺旋《らせん》振動数のグラフを書くと、神様のレベルはこの辺にあります。

私の88次元は、神を飛び越えた時点にあります。

天使は神様の下にあります。

その下に、人間、動物、植物、石のレベルが順番に並んでいます。

私は、この固有振動数の中で振動数を上げなさいと言っているのです。

人間より動物のほうが振動数が低いのは当たり前です。

でも、人間、動物、石……というカテゴリーで振動数を上げると、宇宙的に、より進化した生物になる。

皆さんは、振動数をどんどん上げていくと、順調に上がり続けると勘違いしていますが、実は、途中まではうまくいかなかったり、イライラしたり、熱を持ったり、怒ったり、病気したりします。

そこを過ぎると一気に進化します。

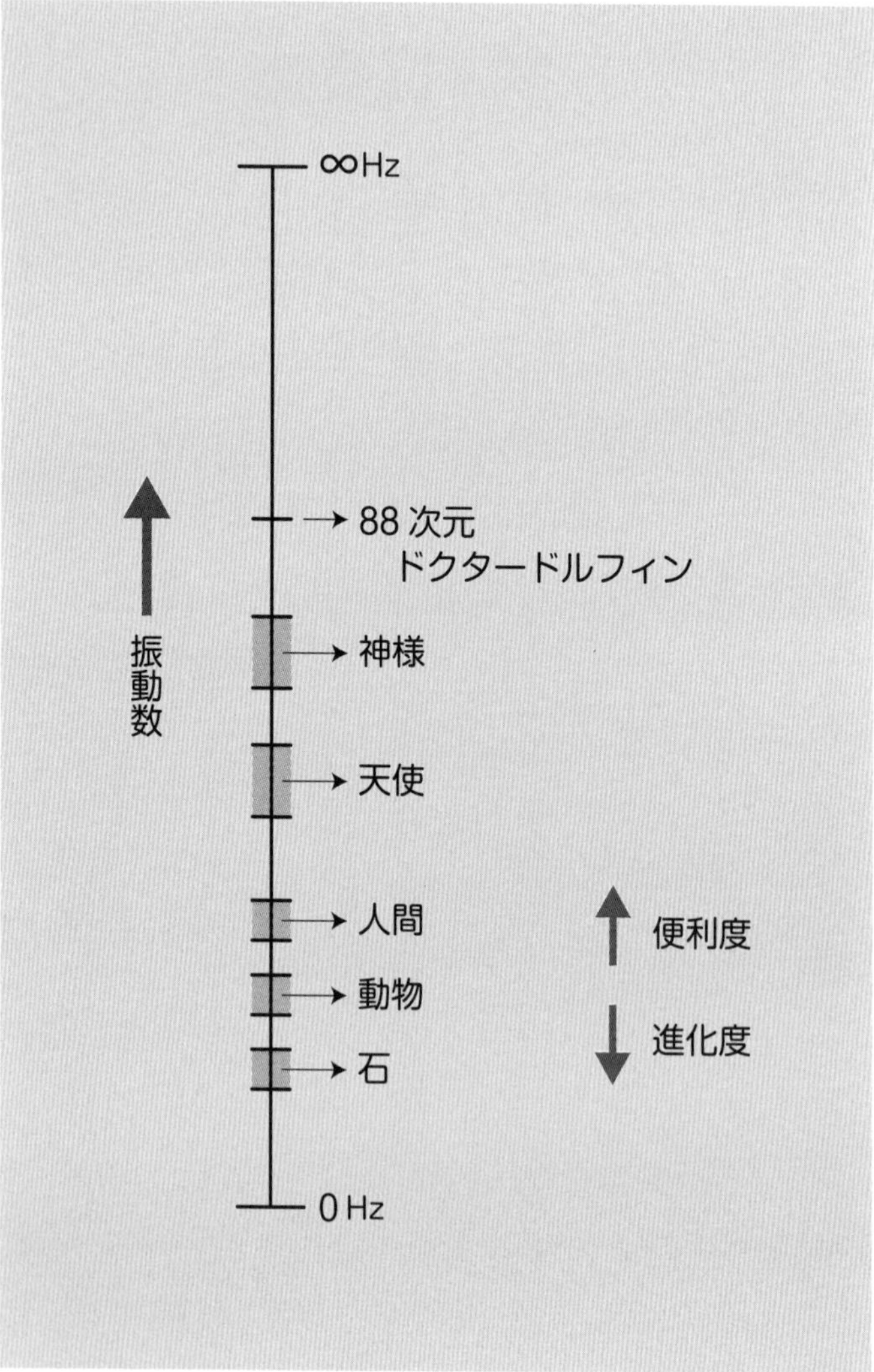
∞Hz
88次元
ドクタードルフィン
神様
天使
人間
動物
石
0Hz
振動数
便利度
進化度

例えば、水を加熱すると、分子の振動数が速くなって熱を持ちます。

でも、沸騰して、行き過ぎると水蒸気になって、最後は分子がなくなってしまいます。

人間の体も、振動数が上がる初期の段階では、熱を持ちますが、その後はどんどん半透明になって、なくなっていって、最終的には涼しくなります。

しかし、人間はその前にほとんど諦めてしまう。

進化しようとすると、必ずうまくいかないところを通らないといけない。

ここをやり切ると、そこから一気に涼しくなって、居心地がよくなって、いつの間にか進化します。

その地点からは、自然に、進化しよう、進化しようと向かう。

ここからは何も思わなくなる。

そのままでいい。

みろく算数で言ったように、5は5のままでいられるようになるのが、この領域です。

石、植物、動物は、目に見える部分では人間よりも振動数が低いのですが、彼らは0ヘルツに近づくほど周囲の影響を受けないので、非常に穏やかで、大もとのエネルギーはもっと高いところとつながっています。

人間を飛び越えたところにある。

これがみろくスクールの逆転の理科、逆転の学びです。

ものを言わない、動かない、愚痴を言わない人間ほど、実は大もとは高いところとつながりやすいのです。

石、植物、動物は、目に見える部分では人間よりも振動数が低いのですが、彼らは０ヘルツに近づくほど周囲の影響を受けないので、非常に穏やかで、大もとのエネルギーはもっと高いところとつながっています。

人間を飛び越えたところにある。

これがみろくスクールの逆転の理科、逆転の学びです。

ものを言わない、動かない、愚痴を言わない人間ほど、実は大もとは高いところとつながりやすいのです。

皆さんがどんどん高いところにつながっていくと、体が消えます。

そのときに、高次元の宇宙人として生きるか、もしくは石をやるか、植物をやるかという自由意思を持たされる。

石をやることで、学ぶことがいっぱいあるわけです。

人間のときに学べなかったことを学べます。

昔は、私も石のエネルギーは低いままだと思っていたのですが、実は最近、５が５のままでいられる能力は人間よりも高いということに気づきました。

皆さんがどんどん高いところにつながっていくと、体が消えます。

そのときに、高次元の宇宙人として生きるか、もしくは石をやるか、植物をやるかという自由意思を持たされる。

石をやることで、学ぶことがいっぱいあるわけです。

人間のときに学べなかったことを学べます。

水晶やダイヤモンドを含めて、何も変えようとしない。

ネガティブに大きく振れると、プラスにも大きく振れる

みろく算数では、余分なものは自分からどんどん省いていくことを教えました。

１＋２＝マイナス１と言いました。

では、１マイナス２は幾つでしょうか。３です。

自分から余分なものを取り除いて、一番の自分の姿だけ残していったら、プラスになります。

だから、みろく算数は逆転の算数です。

そして、５は５のままであり続ける。

みろく理科でやったように、あなたに働く重力はどんどん減っていき、自由に解放されていきます。

そのためには、今ここを生きて、何も変えようとしない。

みろく算数でやったことを適用していけば、エネルギーは上がっていきます。

そうすると、どんどん半透明になって、体がエネルギー体だけになっていきます。

もちろんアセンデッドマスターみたいになることもできるし、神の領域に近づく人もいるし、宇宙人をやる人もいるし、天使をやる人もいるし、もしくは逆に、チャレンジャーとしてもっとエネルギーを落とす人もいます。

最後に、一番大事なことを総括しておきましょう。

今までの地球スクールでは、プラスのほうに向かおうとばかりしてきました。

プラスのほうはエネルギーが非常に高いから行きにくい。

今、集合意識はネガティブが強いから、集合意識に乗っかるほうはネガティブ、不安、恐怖、怒りです。

しかし、皆さんはネガティブへ行きたがらないから、振り子で考えると、振れ幅の狭いところで動いていています。

でも、自分のものを思いきり捨てる。

自分のものを思いきり捨てる。

大事なものも捨てる。

私はこれでいいんだとネガティブなものも受け入れると、勝手にプラスに大きく振れます。

自分でプラスには上れません。

つまり、宇宙の法則は、自分をマイナスに大きく振らせることで、いつの間にか宇宙が勝手にプラスに振らせてくれる。

大事なものも捨てる。

私はこれでいいんだとネガティブなものも受け入れると、勝手にプラスに大きく振れます。

自分でプラスには上れません。

つまり、宇宙の法則は、振り子のように自分をマイナスに大きく振らせることで、いつの間にか宇宙が勝手にプラスに振らせてくれる。

石たちはよく知っています。

自分のプラスのエネルギーを高くするために、自分が石となってすごく不便を経験することで、さらに高く振れようとする。

プラスにしがみついて、大きく振れることができないのは人間だけです。

この振り子の原理は、きょうのみろく算数、みろく理科の授業がよくあらわしています。

お時間が来ました。

最後は、みんな立って、みろくダンスで締めくくりましょう。

石たちはよく知っています。

自分のプラスのエネルギーを高くするために、自分が石となってすごく不便を経験することで、さらに高く振れようとする。

プラスにしがみついて、大きく振れることができないのは人間だけです。

右螺旋《らせん》、右螺旋、マイナスに振ってプラスよ。

ソレソレ。（拍手）

きょうのみろくスクールは、1時間目はみろく算数、2時間目はみろく理科をやりました。

新しく参加した方、大丈夫でしたか。

消えていないですか。

きょうからあなたたちは、普通の人間をできなくなりました。

地球不適合で、どこへ顔を出しても「あなた、変ね。お友達やめましょう」と言われるから、誇りを持って生きてください。（拍手）

2020年度みろくスクール生とドクタードルフィン校長

88次元 Fa-A ドクタードルフィン
松久 正　Tadashi Matsuhisa
鎌倉ドクタードルフィン診療所院長

医師（慶応義塾大学医学部卒）、米国公認ドクターオブカイロプラクティック（Palmer College of Chiropractic 卒）

超次元・超時空間 DNA オペレーション医学 & 松果体覚醒医学
Super Dimensional DNA Operation Medicine (SD-DOM) & Pineal Activation Medicine (SD-PAM)

神と高次元存在を覚醒させ、人類と地球、社会と医学の次元上昇を使命とする。人類を含む地球生命と宇宙生命の松果体覚醒、並びに、高次元 DNA の書き換えを担う。対面診療には、全国各地・海外からの新規患者予約が数年待ち。世界初の遠隔診療を世に発信。セミナー・講演会、ライブショー、ツアー、スクール（学園、塾）開催、ラジオ、ブログ、メルマガ、動画で活躍中。ドクタードルフィン公式メールマガジン（無料）配信中（HPで登録）、プレミアム動画サロン・ドクタードルフィン Diamond 倶楽部（有料メンバー制）は随時入会受付中。

多数の著書があるが、単独著者本として代表的なものは、『松果体革命』（2018年度出版社 No.1ベストセラー）『Dr. ドルフィンの地球人革命』（ナチュラルスピリット）『ワクワクからぷあぷあへ』（ライトワーカー）『からまった心と体のほどきかた 古い自分を解き放ち、ほんとうの自分を取りもどす』（PHP 研究所）『死と病気は芸術だ！』『シリウス旅行記』（VOICE）『宇宙マスター神「アソビノオオカミ」の秘教』『至高神 大宇宙大和神の教え』『卑弥呼と天照大御神の復活』『神医学』（青林堂）。
『ステラ・スーパーアセンション』『高次元語り部 ドクタードルフィンの【遠野物語】』『空海・龍馬とユダ、復活させたり』『悩みも病気もない DNA 宇宙人になる方法』『「世界遺産：屋久杉」と「宇宙遺産：ドクタードルフィン」』『イルミナティとフリーメイソンとドクタードルフィン』『ウィルスの愛と人類の進化』『龍・鳳凰と人類覚醒』『菊理姫（ククリヒメ）神降臨なり』『令和の DNA 0 = ∞医学』『ドクタードルフィンの高次元 DNA コード』『ドクター・ドルフィンのシリウス超医学』『水晶（珪素）化する地球人の秘密』（ヒカルランド）『ピラミッド封印解除・超覚醒明かされる秘密』『神ドクターDoctor of God』（青林堂）『宇宙人と地球人の解体新書』『多次元パラレル自分宇宙』（徳間書店）『我が名はヨシュア』『幸せ DNA をオンにするには潜在意識を眠らせなさい』（明窓出版）等の話題作がある。また、『「首の後ろを押す」と病気が治る』は健康本の大ベストセラーになっており、『「首の後ろを押す」と病気が勝手に治りだす』（ともにマキノ出版）はその最新版。今後も続々と新刊本を出版予定で、世界で今、最も影響力のある存在である。

公式ホームページ　http://drdolphin.jp/

みろくスクール

第一刷 2021年8月31日

著者 松久 正

発行人 石井健資

発行所 株式会社ヒカルランド

〒162-0821 東京都新宿区津久戸町3-11 TH1ビル6F

電話 03-6265-0852 ファックス 03-6265-0853

http://www.hikaruland.co.jp info@hikaruland.co.jp

振替 00180-8-496587

本文・カバー・製本 中央精版印刷株式会社

DTP 株式会社キャップス

編集担当 高島敏子

ISBN978-4-86742-008-9

最高の高次元英才教育！
2021年度
NEOみろくスクール

講師：ドクタードルフィン校長

日程：
第１回　2021年４月３日(土)　11：00～12：00（終了）
第２回　2021年７月３日(土)　11：00～12：00（終了）
第３回　2021年10月30日(土)　11：00～12：00

参加料金：第３回
会場参加　96,300円　　Zoom参加　36,900円

授業内容：
第３回　前半：NEOみろく国語、NEOみろく社会、NEOみろく算数、NEOみろく理科
　　　　後半：NEOみろく家庭、NEOみろく技術

会場：
ご入金確認後、開催１週間前頃に会場のご連絡をいたします

も効果的とは言えません。また、珪素には他の栄養素の吸収を助け、必要とする各組織に運ぶ役割もあります。そこで開発元では、珪素と一緒に配合するものは何がよいか、その配合率はどれくらいがよいかを追求し、珪素の特長を最大限に引き出す配合を実現。また、健康被害が懸念される添加物は一切使用しない、珪素の原料も安全性をクリアしたものを使うなど、消費者のことを考えた開発を志しています。

手軽に使える液体タイプ、必須栄養素をバランスよく摂れる錠剤タイプ、さらに珪素を使ったお肌に優しいクリームまで、用途にあわせて選べます。

◎ドクタードルフィン先生一押しはコレ！　便利な水溶性珪素「レクステラ」

天然の水晶から抽出された濃縮溶液でドクタードルフィン先生も一番のオススメです。水晶を飲むの？　安全なの？　と思われる方もご安心を。「レクステラ」は水に完全に溶解した状態（アモルファス化）の珪素ですから、体内に石が蓄積するようなことはありません。この水溶性の珪素は、釘を入れても錆びず、油に注ぐと混ざるなど、目に見える実験で珪素の特長がよくわかります。そして、何より使い勝手がよく、あらゆる方法で珪素を摂ることができるのが嬉しい！　いろいろ試しながら珪素のチカラをご体感いただけます。

レクステラ（水溶性珪素）
■ 500mℓ　21,600円（税込）

●原材料：水溶性珪素濃縮溶液（国産）
●使用目安：１日あたり４～16mℓ

飲みものに
・コーヒー、ジュース、お酒などに10～20滴添加。アルカリ性に近くなり身体にやさしくなります。お酒に入れれば、翌朝スッキリ！

食べものに
・ラーメン、味噌汁、ご飯ものなどにワンプッシュ。

料理に
・ボールに１リットルあたり20～30滴入れてつけると洗浄効果が。
・調理の際に入れれば素材の味が引き立ち美味しく変化。
・お米を研ぐときに、20～30滴入れて洗ったり、炊飯時にもワンプッシュ。
・ペットの飲み水や、えさにも５～10滴。（ペットの体重により、調節してください）

【お問い合わせ先】ヒカルランドパーク

＊ご案内の価格、その他情報は発行日時点のものとなります。

ドクタードルフィン先生も太鼓判!
生命維持に必要不可欠な珪素を効率的・安全に補給

◎珪素は人間の健康・美容に必須の自然元素

珪素（イメージ）

地球上でもっとも多く存在している元素は酸素ですが、その次に多いのが珪素だということはあまり知られていません。藻類の一種である珪素は、シリコンとも呼ばれ、自然界に存在する非金属の元素です。長い年月をかけながら海底や湖底・土壌につもり、純度の高い珪素の化石は透明な水晶になります。また、珪素には土壌や鉱物に結晶化した状態で存在している水晶のような鉱物由来のものと、籾殻のように微生物や植物酵素によって非結晶になった状態で存在している植物由来の2種類に分けられます。
そんな珪素が今健康・美容業界で注目を集めています。もともと地球上に多く存在することからも、生物にとって重要なことは推測できますが、心臓や肝臓、肺といった「臓器」、血管や神経、リンパといった「器官」、さらに、皮膚や髪、爪など、人体が構成される段階で欠かせない第14番目の自然元素として、体と心が必要とする唯一無比の役割を果たしています。
珪素は人間の体内にも存在しますが、近年は食生活や生活習慣の変化などによって珪素不足の人が増え続け、日本人のほぼ全員が珪素不足に陥っているとの調査報告もあります。また、珪素は加齢とともに減少していきます。体内の珪素が欠乏すると、偏頭痛、肩こり、肌荒れ、抜け毛、骨の劣化、血管に脂肪がつきやすくなるなど、様々な不調や老化の原因になります。しかし、食品に含まれる珪素の量はごくわずか。食事で十分な量の珪素を補うことはとても困難です。そこで、健康を維持し若々しく充実した人生を送るためにも、珪素をいかに効率的に摂っていくかが求められてきます。

こんなに期待できる！ 珪素のチカラ

●健康サポート　●ダイエット補助（脂肪分解）　●お悩み肌の方に
●ミトコンドリアの活性化　●静菌作用　●デトックス効果
●消炎性／抗酸化　●細胞の賦活性　●腸内の活性　●ミネラル補給
●叡智の供給源・松果体の活性　●免疫の司令塔・胸腺の活性　●再生作用

◎安全・効果的・高品質！ 珪素補給に最適な「レクステラ」シリーズ

珪素を安全かつ効率的に補給できるよう研究に研究を重ね、たゆまない品質向上への取り組みによって製品化された「レクステラ」シリーズは、ドクタードルフィン先生もお気に入りの、オススメのブランドです。
珪素は体に重要ではありますが、体内の主要成分ではなく、珪素だけを多量に摂って

「ドクターレックス プレミアム」、「レクステラ プレミアムセブン」、どちらも毎日お召し上がりいただくことをおすすめしますが、毎日の併用が難しいという場合は「ドクターレックス プレミアム」を基本としてお使いいただくことで、体の基礎を整えるための栄養素をバランスよく補うことができます。「レクステラ プレミアムセブン」は、どんよりとした日やここぞというときに、スポット的にお使いいただくのがおすすめです。

また、どちらか一方を選ぶ場合、栄養バランスを重視する方は「ドクターレックス プレミアム」、全体的な健康と基礎サポートを目指す方は「レクステラ プレミアムセブン」という使い方がおすすめです。

◎すこやかな皮膚を保つために最適な珪素クリーム

皮膚の形成に欠かせない必須ミネラルの一つである珪素は、すこやかな皮膚を保つために欠かせません。「レクステラ クリーム」は、全身に使える天然ミネラルクリームです。珪素はもちろん、数百キロの原料を精製・濃縮し、最終的にはわずか数キロしか取れない貴重な天然ミネラルを配合しています。合成着色料や香料などは使用せずに、原料から製造まで一貫して日本国内にこだわっています。濃縮されたクリームですので、そのまま塗布しても構いませんが、小豆大のクリームを手のひらに取り、精製水や化粧水と混ぜて乳液状にしてお使いいただくのもおすすめです。お肌のコンディションを選ばずに、老若男女どなたにも安心してお使いいただけます。

レクステラ クリーム
■ 50g　12,573円（税込）

●主な成分：水溶性珪素、岩石抽出物（高濃度ミネラル）、スクワラン、金、銀、ヒアルロン酸、プロポリス、アロエベラ、ミツロウ、αグルカン、アルニカ花エキス、カンゾウ根エキス、シロキクラゲ多糖体、アルギニン、ほか
●使用目安：２～３か月（フェイシャルケア）、約１か月（全身ケア）

＊ご案内の価格、その他情報は発行日時点のものとなります。

◎植物性珪素と17種類の必須栄養素をバランスよく摂取

基準値量をクリアした、消費者庁が定める17種類の必須栄養素を含む、厳選された22の成分を配合したオールインワン・バランス栄養機能食品。体にはバランスのとれた食事が必要です。しかし、あらゆる栄養を同時に摂ろうとすれば、莫大な食費と手間がかかってしまうのも事実。医師監修のもと開発された「ドクターレックス プレミアム」なら、バランスのよい栄養補給ができ、健康の基礎をサポートします。

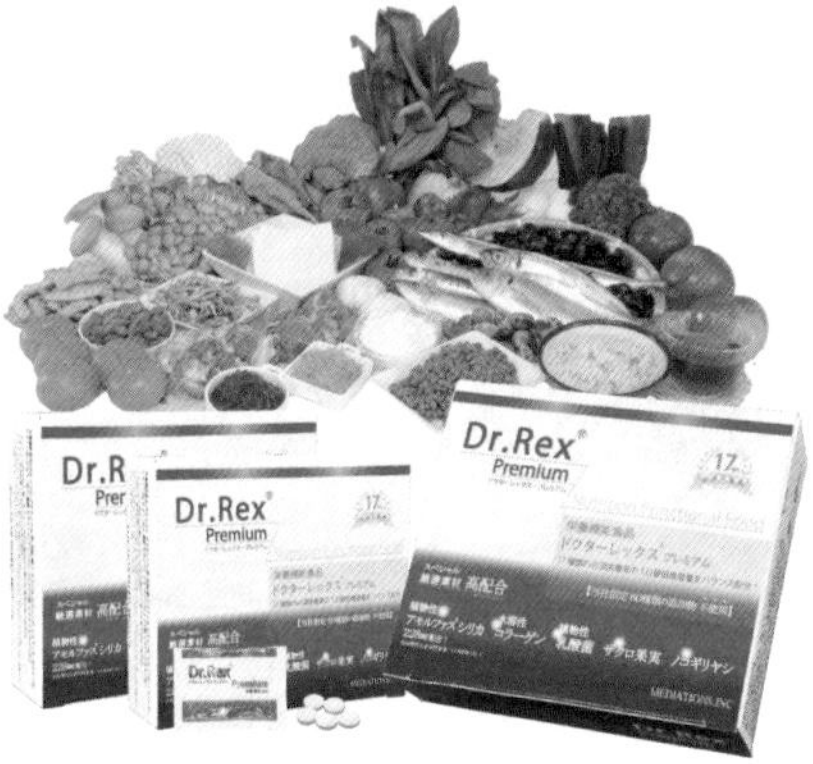

ドクターレックス プレミアム

■5粒×30包　8,640円（税込）

●原材料：フィッシュコラーゲンペプチド（国内製造）、デキストリン、もみ殻珪素パウダー、ザクロ果実エキス、ノコギリヤシエキス、植物性乳酸菌（殺菌）、ほか

●使用目安：1日あたり2包（栄養機能食品として）

◎珪素をはじめとする厳選した7成分で打ち勝つ力を強力サポート！

人体の臓器・器官を構成する「珪素」を手軽に補える錠剤タイプの「レクステラ プレミアムセブン」。高配合の植物性珪素を主体に、長年の本格研究によって数々の研究成果が発表された姫マツタケ、霊芝、フコイダン、β－グルカン、プロポリス、乳酸菌を贅沢に配合。相乗効果を期待した黄金比率が、あなたの健康を強力にサポートします。

レクステラ プレミアムセブン

■180粒　21,600円（税込）

●原材料：もみ殻珪素パウダー（国産）、姫マツタケ（子実体細胞壁破壊粉末、菌糸体エキス）、霊芝細胞壁破壊末、デキストリン、モズク抽出エキス、ライススターチ、パン酵母抽出物、プロポリスエキス、乳酸菌 KT-11（殺菌）、ほか

●使用目安：1日6粒～

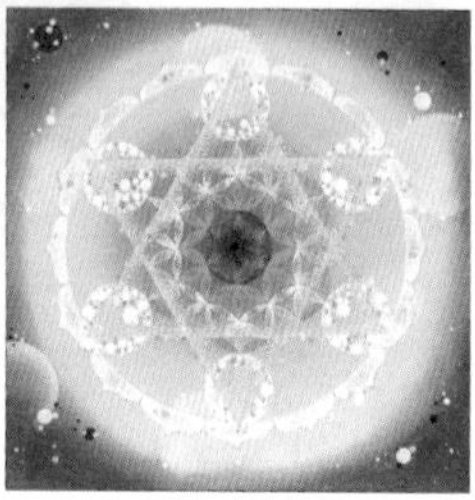

＼世界初!／
ペットの望みを叶える、ミラクルな水晶チャーム

『ペットと動物のココロが望む世界を創る方法』の対談の最後に話題になったペット用の水晶チャームが、本の発売直前に完成しました。犬、猫の首輪やハーネス、または衣服に、着用させてください。飼い主さんの犬猫バッグにつけるのもオススメです。チャームは、ドクタードルフィンの松果体覚醒エネルギーが注入された、ペットや動物の松果体を開くミラクルグッズです。きっと、あなたのワンちゃんやニャンちゃんは、松果体のポータルがたっぷり開くことでしょう。ドクタードルフィン HP 公式ショップまたはヒカルランドショップにて、お求めいただけます。

ドクタードルフィン
松久 正

チャームをつけて愛犬の朝の散歩をしたのですが、いつもだと、前に行きたくて私を少し引っ張る感があるのですが、今朝は、驚くことに、私とペースを合わせ、引っ張らずに、お互い一緒に心地よく歩くことができました。これも、チャームの着用により、お互いの意識が共鳴したのかもしれません。

松ぼっくりのモチーフだよ!

佐々木純さん

松果体活性が人間だけではなく動物にもできることを先生におうかがいし、新鮮な驚きとうれしさがありました。動物だって自分らしくしあわせに生きたいはずです。飼い主と動物がお互いに心を通わせて生活できたら、すばらしいことです。わが家でも2匹の犬を飼っていますので、さっそく先生が考案した松果体水晶チャームを身につけさせたいと思います。

ご購入は、ドクタードルフィン公式サイトのショップで、どうぞ!
URL：https://drdolphin.jp/shop
【お問い合わせ先】オフィシャルショップ受付窓口
電話：0467-55-5441（平日10時−18時）

ヒカルランドパーク取扱い商品に関するお問い合わせ等は
電話：03−5225−2671（平日10時−17時）
メール：info@hikarulandpark.jp　URL：http://www.hikaruland.co.jp/

＊ご案内の価格、その他情報は発行日時点のものとなります。

ドクタードルフィン公式 HP ショップにて販売
(ヒカルランドパークからもご購入いただけます)

ドクタードルフィンの
ペット用水晶チャーム

「松ぼっくり」をモチーフにしたペット用の水晶チャームです。ドクタードルフィンのエネルギーが注入された水晶を身につけさせることで、ペットの松果体をより高いエネルギーと共鳴させ、活性化させることを目的とします。「松ぼっくり」をモチーフにしたのは、松果体が松ぼっくりの形に似ていることから。水晶は、松果体と同様、奇跡の元素「珪素」で構成され、生命にとって必要とされる知識と情報として、松果体から供給される宇宙の叡智を、パワーアップしてくれます。生命により所有された水晶は、その生命が松果体で最高の叡智を受け取れるよう、強力にサポートしてくれるのです。

価格　85,800円（税込）
サイズ　15×20㎜（本体）
素材　水晶

使い方、いろいろ！

- 首輪・ハーネスにつけて。
- ペット用バッグにつけて。

チャームを取りつけるものの形状によって、写真のように市販の金具を利用しても。

リボンにつけてもカワイイ！

チェーンにも！

ハーネスに付けても！

本といっしょに楽しむ ハピハピ♥ Goods&Life ヒカルランド

【DVD】シリウス超医学出版記念☆セミナー
《第1回 心と体》
12,222円（税込）

【DVD】シリウス超医学出版記念☆セミナー
《第2回 能力と人生》
12,222円（税込）

【DVD】シリウス超医学出版記念☆セミナー
《第3回 愛と感情》
12,222円（税込）

【DVD】菊理姫（ククリヒメ）神降臨なり
DVD３枚組（約195分）
24,000円（税込）

【DVD】ミロクの世覚醒の超奇跡
神聖・新生琉球講演会＆リトリートツアー
DVD１枚組（約62分）
本体 8,000円+税

【DVD】超次元宇宙と超次元宇宙の超激突！
衝突する宇宙でお前の魂をつなぎかえてやる！
DVD１枚組（約98分）
本体 10,000円+税

【お問い合わせ先】ヒカルランドパーク

＊ご案内の価格、その他情報は発行日時点のものとなります。

ヒカルランド　好評既刊！

地上の星☆ヒカルランド　銀河より届く愛と叡智の宅配便

高次元シリウスが伝えたい
水晶（珪素）化する地球人の秘密
著者：ドクタードルフィン 松久正
四六ソフト　本体 1,620円+税

ドクター・ドルフィンの
シリウス超医学
地球人の仕組みと進化
著者：∞ishi ドクタードルフィン 松久 正
四六ハード　本体 1,815円+税

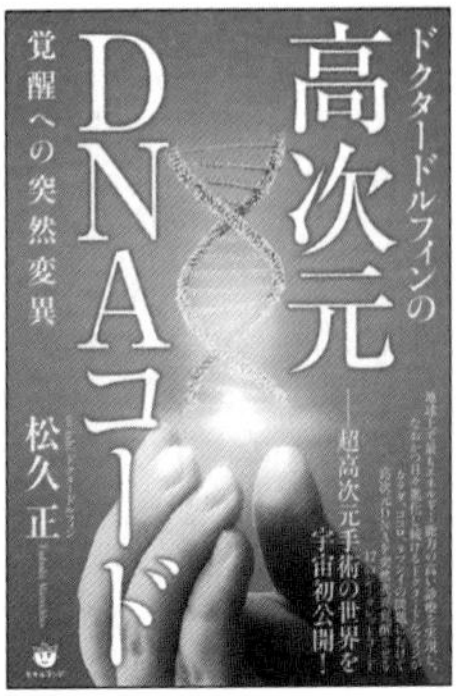

ドクタードルフィンの
高次元DNAコード
覚醒への突然変異
著者：∞ishi ドクタードルフィン 松久 正
四六ハード　本体 1,815円+税

令和のDNA
0＝∞医学
著者：∞ishi ドクタードルフィン 松久 正
四六ハード　本体 1,800円+税

菊理姫（ククリヒメ）神降臨なり
著者：ドクタードルフィン 松久正
四六ハード　本体 1,800円+税

宇宙からの覚醒爆弾
『炎上チルドレン』
著者：松久 正／池川 明／高橋 徳／胡桃のお／大久保真理／小笠原英晃
四六ソフト　本体 1,800円+税

ヒカルランド　好評既刊！

地上の星☆ヒカルランド　銀河より届く愛と叡智の宅配便

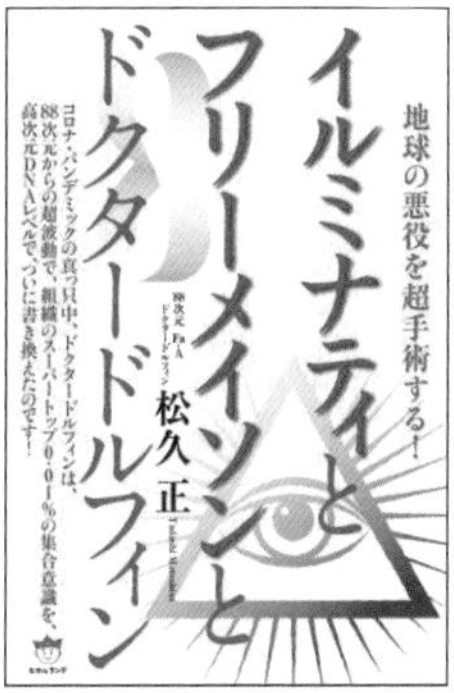

地球の悪役を超手術する！
イルミナティとフリーメイソンとドクタードルフィン
著者：88次元 Fa-A ドクタードルフィン 松久 正
四六ハード　本体 1,800円+税

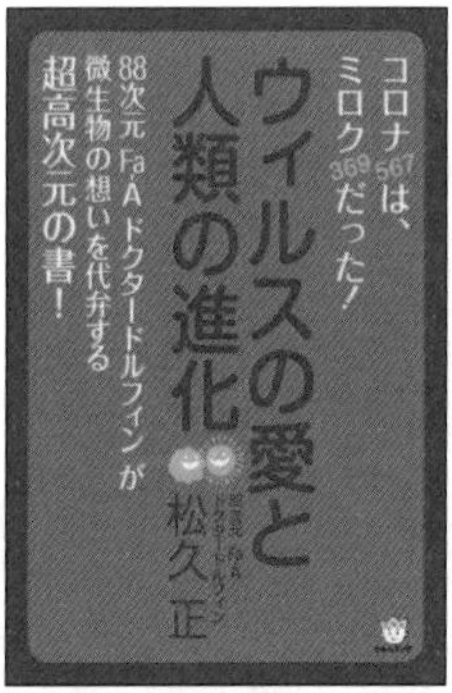

ウィルスの愛と人類の進化
著者：88次元 Fa-A ドクタードルフィン 松久 正
四六ハード　本体 1,600円+税

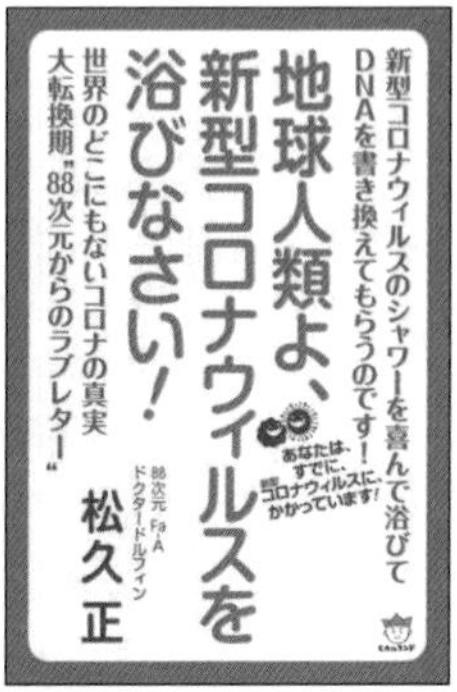

地球人類よ、新型コロナウィルスを浴びなさい！
著者：88次元 Fa-A ドクタードルフィン 松久 正
四六ハード　本体 1,800円+税

高次元語《かた》り部《べ》　ドクタードルフィンの【遠野物語】
ベールを脱いだカッパ、座敷わらし、おしらさま
著者：88次元 Fa-A ドクタードルフィン 松久 正
四六ハード　本体 1,800円+税

悩みも病気もないDNA
宇宙人になる方法
著者：88次元 Fa-A ドクタードルフィン 松久 正
四六ハード　本体 1,800円+税

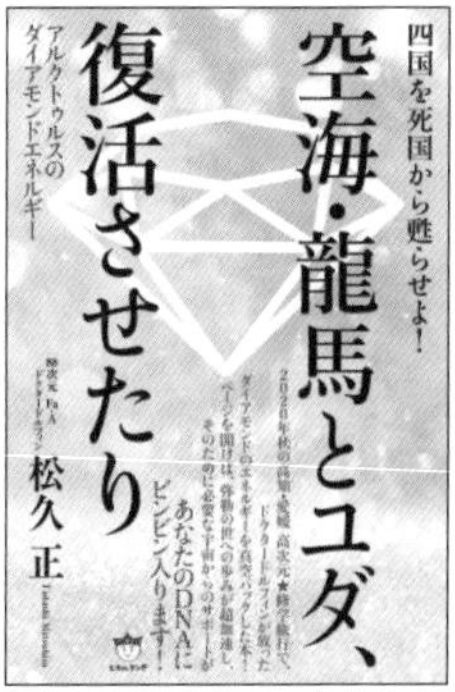

四国を死国から甦らせよ！
空海・龍馬とユダ、復活させたり
アルクトゥルスのダイヤモンドエネルギー
著者：88次元 Fa-A ドクタードルフィン 松久 正
四六ハード　本体 2,000円+税